성과를 내는 강점 전략

성과를 내는

강점
전략

다나카 유이치 지음 · 이성희 옮김 · 서승범 감수

두드림미디어

이 책은 워크북 형식으로 되어 있어서 심각하게 고민하며 강점을 찾는 것이 아니라, 글로 적으면서 '강점'을 발견할 수 있습니다.

하지만 이 책의 특징은 그것뿐만이 아닙니다. 이 워크북은 기존의 '강점 찾기'와는 다른 방법론에 바탕을 두고 있습니다.

세상에는 '자기 분석'이나 '강점 진단' 같은 도구들이 널리 보급되어 있습니다. 실제로 그런 도구를 사용해본 사람도 적지 않을 것입니다.

그렇다면 저는 왜 지금 이 책을 통해 새로운 '강점 발견법'을 소개하려는 것일까요? 바로 시중에 알려진 도구에 심각한 문제가 있기 때문입니다.

자기 분석을 해보신 분들께 묻고 싶습니다. 자신에게 어떠한 강점이 있는지 알게 되셨나요?

또한 강점 진단을 받으셨던 분들은 자신의 진단 결과를 기억하시나요? 그리고 지금 그 강점을 살려서 매일매일 성과를 내고 계신가요?

아마 이런 질문을 던지면 대답하기 어려운 분들이 많을 것입니다.

자기 분석을 해도 자신의 강점을 찾지 못할 뿐 아니라, 오히려 약점만 떠오르는 경우도 있습니다. 학창 시절, 저도 바로 그런 유형이었습니다.

또는 진단 테스트를 받은 결과, 괜찮은 강점을 발견해 의욕이 넘쳤지만, 그 강점을 어떻게 업무에 활용해야 할지 몰라 결국 아무 변화도 없었다는 분도 계실 것입니다. 일시적으로 기분만 좋아졌을 뿐, 강점을 제대로 활용하지 못하고 원래 상황으로 돌아가는 경우가 많습니다. 이는 '매우 흔한' 일입니다.

'강점을 찾고 싶은 마음은 굴뚝같은데, 막상 찾으려고 하니 상당히 어렵다. 설령 찾았다 해도, 그 강점을 어떻게 활용해야 할지 모르겠다.'

이것이 우리가 마주하게 되는 거대한 벽입니다. 또한 기존의 자기 분석이나 진단 도구를 사용할 경우, 빠지기 쉬운 함정이기도 합니다. 지금까지의 사고방식으로 이 문제를 해결하려고 하면 매우 어려울 것입니다.

자! 여기서 관점을 바꿔봅시다.

애초에, 여러분은 왜 '강점'을 찾고 싶으신가요?

'회사에서 요구하는 성과를 내고 싶어서'라던가, '지금보다 좋은 조건으로 이직하고 싶어서' 등 여러 가지 이유가 있을 것입니다. 하지만 종합해보면 결국 '자신의 역량을 발휘할 수 있는 곳에서 일하고 싶다'라는 결론에 이르게 됩니다.

그렇다면 한 단계 더 깊이 생각해봅시다.

어떻게 하면 '자신의 역량을 발휘할 수 있는 곳'에 도달할 수 있을까요?

자신의 강점을 발휘할 수 있는 분야에 몸담는 것이 해결책은 아닙니다.

바로, 누군가의 기대에 부응해야 합니다.

회사원은 '상사의 기대에 부응하는 것 = 성과를 내는 것'이며, 그 기대에 부응함으로써 자신의 존재 가치를 인정받게 됩니다.

상사의 경우, 경영자의 기대에 부응함으로써 성과를 냅니다. 그리고 경영자는 고객이나 소비자의 기대에 부응해 성과를 내고요.

우리 모두는 누군가를 위해 일합니다. 상대방이 원하는 성과를 내며, 자신이 활약할 수 있는 자리를 찾게 됩니다.

즉, 모든 비즈니스는 특정한 상대가 있어야 비로소 성립됩니다.

아무리 자신이 성과를 냈다고 생각하더라도 상대가 인정해주지 않으면, 그저 자기만족에 불과합니다. 반대로 자신에게는 당연한 일이라도 상대가 인정해주면 훌륭한 성과가 될 수 있습니다.

성과는 상대가 주는 것입니다. 사실 이것이 핵심 포인트입니다.

상대의 기대에 부응하는 것이 성과를 내는 것과 연결되고, 그 과정에서 자신의 강점을 발휘하게 됩니다.

이 사실을 깨닫기만 해도 '강점'을 바라보는 방식이 크게 달라질 것입니다.

지금까지 '강점'을 '자기 자신 안에서 찾는 것', '변하지 않는 절대적인 것'으로 받아들인 분들이 많았을 것입니다.

하지만 강점을 발휘할 상대는 한 사람, 한 사람 다 다르고, 그들이 원하는 것도 모두 제각각입니다. 이 때문에 자신 안에서 강점을 찾으려는 방식에는 한계가 있기 마련입니다. 자신의 내면에서 강점을 끄집어내기보다는, '상대의 요구에 부응하는 것' 자체를 강점으로 삼는 편이 훨씬 더 효율적이고 확실한 방법입니다.

또한 동일한 '강점'이라도 상대방에 따라 그 가치는 크게 달라집니다.

예를 들어 회사에서 엔지니어로 근무했던 시절의 저는 한마디로 'IT 부진아'였습니다. 주변에는 뛰어난 엔지니어들만 가득했고, 저처럼 기술도 지식도 부족한 사람은 주요 업무에서 소외됐습니다.

하지만 회사에서 한 발짝 벗어나 외부 커뮤니티 등에 참가하자 상황은 180도 변했습니다.

회사 밖에서 만난 사람들은 IT나 프로그래밍에 문외한인 사람들이 대부분이었습니다. 이들에게 "이런 편리한 스마트폰 앱이 있어요"라고 알려줬더니, 믿을 수 없을 정도로 많은 감사와 찬사를 받았습니다.

'회사에서는 'IT 부진아'라도 외부 커뮤니티에서는 'IT 전문가'가 될 수 있다.'

즉, 내 강점의 가치는 '주변 사람들이 어떤 강점을 갖고 있는지'에 따라 크게 좌우됩니다.

'상대가 원하는 것'과 '주변에서 제공하지 않는 가치'를 함께 고려하면, 자신이 활용할 수 있는 포인트를 확실하게 찾을 수 있다는 것을 깨달았습니다.

이 같은 관점으로 가치를 제공하면, 어디에서 누구와 일하더라도 성과를 낼 수 있습니다. 이것은 최강의 비즈니스 기술이라고 해도 과언이 아닙니다.

물론, 자기 분석이나 강점 진단 자체는 매우 좋은 도구입니다. 하지만 성과를 내기 위해서는 그것만으로는 충분하지 않습니다. '자신 안에 있는 절대적인 강점'이라는 것은 소수의 천재들에게나 통용되는 이야기입니다. 천재는 압도적인 능력을 갖고 있기 때문에 상대나 주변을 신경 쓰지 않고, 좋아하는 일에만 집중해 가치를 제공할 수 있습니다.

하지만 저를 포함한 대부분의 '평범한 사람들'은 다릅니다.

평범한 사람이 천재를 따라서, 한 가지 기술로 승부하는 것은 너무나 무모한 일입니다. 평범한 사람은 승부 방식을 근본적으로 재검토할 필요가 있습니다.

자신의 기술에 집착하는 것이 아니라 상대와 주변 사람들의 반응을 살피며, 그때그때 최선의 한 수를 제공해야 합니다.

이 책은 기존처럼 자신의 입장에서 강점을 찾는 책이 아닙니다. 성과로 이어지는 '진정한 강점'이라는 새로운 사고방식을 시각화한 비즈니스 책입니다.

단순히 사고방식을 전달하는 것이 아니라, 워크북 형식으로 독자 여러분들이 직접 참여할 수 있도록 구성했습니다. 먼저, 이 책에서는 과거의 저처럼 소극적이고 평범한 직장인이라도, 눈에 띄게 좋은 평가를 받을 수 있도록 돕는 '강점 혁명 템플릿'을 소개합니다.

또한 업종이나 직종, 나이에 상관없이 누구나 '진정한 강점'을 구체적인 언어로 정리할 수 있는 활동도 담겨 있으니 부담 없이 도전해보셨으면 합니다.

현재 업무로 고민하고 계신 분, 자신이 있을 자리를 찾지 못해 불안해하시는 분들에게, 이 책에서 소개하는 '진정한 강점'을 찾기 위한 접근법과 활동이 인생을 긍정적으로 바꾸는 계기가 되기를 바랍니다.

다나카 유이치(田中祐一)

추천사

누구나 자신의 강점에 대해서 좀 더 자세히 알고 싶어하고, 가능하다면 자신의 강점을 잘 살려서 성과를 내고자 합니다.

이 책은 흔히 볼 수 있는 '나 자신의 시점'에서 강점을 찾는 책이 아니라, 성과로 이어지는 '진짜 강점'이라는 새로운 관점을 제시합니다.

우리가 강점을 찾으려고 하면 할수록 오히려 찾지 못하는 딜레마에 빠지는 이유는, 나 자신만의 시점에 머물러 있기 때문인데요.
설령 자신만의 강점을 발견한다고 해도, 그것이 반드시 상대에게 도움이 된다고는 할 수 없습니다.

특히 업무에서는 어떻게 하면 상대에게 도움이 되고, 기쁨을 줄 수 있는가를 고민하는 '상대 시선'(상사는 자신에게 무엇을 기대하고 있는가? 고객은 어떤 상품·서비스를 요구하고 있는가? 등)이 요구됩니다.

저자는 사람을 크게 카리스마형(좋아하는 일을 하며 살아가는 사람)과 서포터형(타인에게 공헌하는 사람)으로 나누며, 서포터형이 되어야 기회가 열린다고 말합니다.

내가 누군가를 응원할 수 있는 위치에 서야지만 선택받는 존재가 될 수 있기 때문입니다.

기존의 강점이 '자신이 가장 잘하는 것'이었다면, 진짜 강점은 '세상에 가장 공헌할 수 있는 것'이라고 필자는 말합니다.

진짜 강점을 발견하면 자신의 능력은 하나도 변하지 않았는데도 상대방으로부터 갑자기 평가와 인정을 받게 된다고 말이죠.

저자는 '진정한 강점'을 만들어내는 5단계를 다음과 같이 제시합니다.

① 목표를 정한다

② 상대 축을 정리한다

③ 경쟁자 축을 정리한다

④ 자기 축을 정리한다

⑤ '진짜 강점'을 만든다

이 책에는 강점을 발견하기 위한 워크시트가 포함되어 있어 누구나 손쉽게 나만의 진정한 강점을 발견할 수 있습니다.

물론, 진정한 강점은 발견하는 것으로 끝나는 것이 아니라, 그 이후부터가 시작입니다.

① 인생 경험 늘리기(직장 외 커뮤니티 참여 등)
② 싫어하는 것조차 자신의 인생에 연결시키기
등을 통해 자신의 의지로 강점을 꾸준히 개선해나가는 것이 중요합니다.

이런 분들에게 추천합니다.

• 자신의 강점을 갖고 싶으신 분
• 성과를 내고 싶으신 분
• 다른 사람이나 경쟁사에 없는 강점을 원하시는 분

- 약점밖에 발견되지 않는 분
- 경쟁사와의 차별화를 고민하시는 분

강점을 발견하는 데 있어서 가장 중요한 것은 '상대의 기대에 부응하는 것'이라는 저자의 관점이 진정한 자신의 강점을 찾으려고 하는 분들에게 도움이 되었으면 좋겠습니다.

나홀로비즈니스스쿨 대표
비즈니스 트랜스포메이션 코치 서승범

제3장. '진정한 강점'을 만들어내는 활동

제4장. 진정한 강점을 발견한 후부터가 진짜 시작이다

제1장

진정한 힘이 되는 '강점'이란 무엇일까?

자기 분석이 '강점이라는 수렁'에
빠져들게 한다

오늘날 대부분의 사회인들은 날마다 고민을 안은 채 일을 하고 있습니다.

'지금 일하는 방식이 앞으로도 통할지 불안하다.'
'직장에서 내가 있을 자리를 찾지 못하고 있는 것 같다.'
'생각한 만큼 결과가 나오지 않아 슬럼프에 빠져 있다.'

성공한 사람이나 비즈니스 책은, 이런 고민을 하는 사람들에게 '강점을 살리는 것'의 중요성을 반복해서 강조해왔습니다. 예를 들어, 현대 경영학의 아버지라고 불리는 피터 드러커(Peter Ferdinand Drucker)는 다음과 같은 명언을 남겼지요.

"성과를 올리려면 강점을 살려야 한다."

확실히 강점을 살리는 것은 매우 중요합니다. 비즈니스에서 성과를 내는 것은 강점을 얼마나 잘 발휘할 수 있느냐에 따라 크게 달라집니다.

하지만 여기서 우리는 한 가지 큰 문제에 부딪히게 됩니다. 강점이 그렇게 쉽게 발견되지 않는다는 점입니다.

강점을 찾는 것은 상당히 힘든 여정입니다. 자기 분석을 통해 강점을 찾으려 해도, 약점만 떠올라 오히려 침울해지는 경우도 있습니다.

그래서 강점을 진단해주는 여러 가지 도구에 의지하게 됩니다. 하지만 진단받은 강점에 대해 '확실히 나는 이것이 강점인 것 같다'라고 확신하더라도, 실제로 그 강점을 직장에서 어떻게 활용해야 할지는 잘 알지 못합니다. 예를 들어 '당신은 미래지향적으로 매사에 사고력이 뛰어납니다'라는 강점 진단을 받아도, 그 '미래지향성'을 지금의 직장에서 언제, 어떤 상황에서, 어떻게 써야 할지 도통 알 수가 없습니다.

결국 답답한 마음만 남긴 채 다시 원래의 일상으로 돌아가게 되고, 시간이 흐르면 진단 결과의 내용도 잊어버리게 됩니다. 어느새 강점을 아는 것이 목적이 되어버리는 것입니다. 사실은 강점을 활용해서 현재의 상황을 바꾸고 싶었던 것인데요.

자신의 강점이 무엇인지
다른 사람에게 물어봐도 소용없다!

'도구에 의지하기보다는 자신에 대해 잘 아는 사람에게 강점을 물어보는 편이 올바른 결과를 얻을 수 있다.' 언뜻 보기에는 그럴듯하지만, 이것 역시 그렇게 효과적이지는 않습니다.

강점을 조사하는 수단 중 하나로, 친구나 동료, 형제자매 등에게 자신의 강점을 물어보는 것은 일반적으로 잘 알려진 방법입니다.

하지만 이 방법에도 함정이 있습니다. 왜냐하면 강점을 알려주는 사람은 당신이 어떤 결과를 내고 싶어 하는지 알지 못할 뿐 아니라 관심도 없기 때문입니다.

그래서 강점을 알려준다고 해도, 대부분은 엉뚱한 답을 내놓는 경우가 많습니다.

이해하기 쉽게 예를 들어보겠습니다.

저는 예전에 친한 친구에게 "내 좋은 점이 뭐야? 내 강점이 뭐라고 생각해?"라고 물어본 적이 있습니다. 그러자 "음, 의외로 다정하다는 거?"라는 대답이 돌아왔습니다. 친구는 매우 진지하게 조언을 해줬지만, 친구에게 강점을 들었더라도 그 강점을 어떻게 활용해야 할지는 알 수 없었습니다.

친구에게 질문한 방식 자체가 문제였습니다. 친구는 제가 왜 강점을 알고 싶어 하는지 모르고, 또한 제가 목표를 이루기 위해 강점을 어떻게 활용하고 싶은지도 모르기 때문입니다. 그러니 정확하게 조언을 해줄 수 없는 것이지요.

'강점 → 음, 이 녀석의 특징 같은 거? → 어, 뭐였더라? → 그러고 보니 나한테 항상 다정하게 대해주네 → 다정함!'

이런 생각의 흐름이 눈에 보이는 것 같지 않나요?

친구나 지인에게 자신의 강점에 대해 듣고 싶어도, 상대는 우리를 배려해서 무난한 대답을 할 가능성도 있습니다. 진지하게 답했다가 오히려 문제가 생길 수도 있으니 무난한 답을 택하는 것입니다. 자, 여기까지 생각해보니, 다른 사람에게 강점을 물어보는 것이 정말 옳은 방법인지 의심이 들기 시작합니다.

자기 분석 하기, 진단 도구 이용하기, 다른 사람에게 묻기 등을 통해 강점을 찾으려고 할수록 오히려 오리무중에 빠지게 됩니다. 마치 '강점이라는 수렁'에서 헤매는 것처럼 말이지요.

이처럼 고민하는 이유는 아직 강점을 찾지 못했기 때문입니다. 또한 강점만 찾으면 고민이 전부 해결될 것이라고 믿고 있지만, 정작 강점을 발견할 수 없다는 딜레마로 인해 스트레스를 받게 됩니다. 강점이라는 수렁에 갇혀 있으면, 자칫 20년, 30년이 훌쩍 지나가버릴 수도 있습니다.

사실, 많은 사람이 늘 강점을 추구하고, 강점에 얽매인 채 살아가고 있습니다.

성과가 나지 않는 사람들의 공통점은 '자기중심적 관점'

그렇다면 왜 우리는 강점을 찾으려고 하면 할수록 찾기 힘든 딜레마에 빠지는 것일까요?

결론부터 말하면, 자기중심적으로 생각하기 때문입니다. 자기중심적 사고에서 벗어나지 않는 한, '강점이라는 수렁'에서 빠져나올 수 없습니다.

성과가 나지 않는 사람들의 대부분은 모든 것을 자기중심적으로 생각합니다. 자기중심적 관점은 '내향적인 관점'이라고도 할 수 있습니다. 즉, 다른 사람을 전혀 고려하지 않는다는 뜻입니다.

자기중심적으로 강점을 생각하면, '내가 강점이라고 생각하면 그만'이라는 결론에 이르게 됩니다.

사람들이 '자신만의 강점'에 집착하는 이유는 다른 사람에게 관심이 없기 때문입니다. 자신에 대한 애정이 강해서 끝없이 자신을 탐구하려고 합니다. 마치 자신 안에 아주 귀중한 보물이 묻혀 있다고 믿고, 그것을 필사적으로 찾아내려는 것과 같습니다. 이처럼 자기 탐색을 하고 있는 사람들에게 안타까운 진실을 전하겠습니다.

당신만의 강점, 즉 '장점'을 발견하더라도, 그것이 상대방에게 도움이 될 것이라는 보장은 없습니다.

'나는 어떻게 하면 선택받는 사람이 될 수 있을까?'
'나만의 무기는 도대체 무엇일까?'
'나는 어떻게 하면 활약할 수 있을까?'

이처럼 '나', '자신'이라는 주어에 집착하는 사람은, 강하게 말하자면 그저 자기중심적인 사람일 뿐입니다. 성과가 낮은 것도 당연합니다.

한번 생각해봅시다. 일이란 혼자서 할 수 있는 것이 아닙니다. 직장인의 경우에는 상사(또는 회사의 경영진)의 지시를 받아 일을 수행합니다.
혼자서 일하는 것처럼 보이는 자영업자들도 고객의 요청과 기대에 부응하면서 일을 진행합니다.

즉, 당신의 일을 평가하는 것은 타인입니다.

일을 할 때는 어떻게 하면 상대방에게 도움을 주고, 상대방을 만족시킬 수 있을지를 생각하는 '상대 중심적 관점'이 필요합니다. 어떤 환경에서도 성과를 내는 사람은 항상 상대방의 입장에서 생각합니다.

'지금, 상사는 나에게 무엇을 기대하고 있을까?'
'회사가 바라는 인재는 어떤 사람일까?'
'고객은 어떤 상품·서비스를 원할까?'

이처럼 성과를 내는 사람들은 매사에 상대방의 입장에서 생각하고, 상대방이 원하는 것을 제공합니다. 상대가 바라는 가치를 정확하게 제공했기에 성공한 것입니다.

세상에 존재하는 자기 분석이나 강점 진단에는 상대 중심적 관점이 빠져 있습니다.

새로운 '강점 탐색' 도구가 생겨나더라도, '강점이라는 수렁'에 빠진 채 고민만 하고 있는 사람들이 끊이지 않는 이유가 바로 여기에 있습니다.

'자신이 납득할 수 있는 강점만 찾으면 된다'라는 생각으로 강점을 찾기 때문에 상대방이 받아들일 수 있는 강점을 찾기 어렵고, 설령 찾았다 하더라도 어떻게 활용해야 할지 모르는 경우가 많습니다.

자기중심적 관점

내 강점은 무엇일까?

상대 중심적 관점

어렵네!!

상대방이 고민을 해결할 수 있게 도와주자!

즉, 자기중심적인 관점으로 강점을 찾는 한, 일에서 성과를 내기란 불가능합니다.

'당신의 일을 평가하는 것은 타인이다'라는 전제를 깨닫지 못하면, 시간이 지나도 일과 커리어에 대한 고민에서 벗어날 수 없을 것입니다.

'강점'에 휘둘렸던
나의 취업 활동 ~ 사회 초년생 시절

왠지 서두부터 거창하게 말한 것 같네요.

지금은 이렇게 '강점'을 주제로 책을 쓰고 있지만, 저도 처음부터 강점 이론을 알고 실천했던 것은 아닙니다.

강점에 대해 처음으로 고민하게 된 것은 대학 시절 취업 활동을 하던 때였습니다.

그전까지 취업에 대해 막연히 품었던 생각은 '어쨌든 대기업에 입사하는 것'이었습니다. '대기업이라면 대우도 좋고, 고용도 안정적일 것 같고, 소개팅에서 인기가 있을지도 모른다…'라는 아주 학생다운 발상이었지요.

대학 시절, 성적이 그다지 좋지 않았던 저는 취업으로 모든 것을 역전시켜 보겠다고 마음먹었습니다. 그래서 3학년 여름쯤부터 서둘러

취업 활동을 시작했습니다. 취업 준비를 빨리 시작해 앞서 나아가려고 했습니다.

'취업하려면 자기 분석이 필수'라고들 말합니다. 취업 활동에서 자기 분석이란, 자신의 강점이나 약점을 정리하고, 업종이나 직종에 대한 적성을 파악하는 전반적인 노력을 의미합니다.

주변 학생들에 비해 자랑할 만한 경험이나 스펙이 없었던 저는, 취업 준비에서 남들과 차별화를 두기로 결심했습니다. 그래서 비용을 지불하고 자기 분석 세미나에 참가했습니다. 그리고 그곳에서 충격을 받았습니다.

세미나에서 가르쳐준 대로 자기 분석을 했지만, 강점이라고 할 만한 것이 하나도 나오지 않았습니다. 오히려, 강점이 너무 없어서 약점밖에 없는 상태였습니다. 유일하게 알게 된 한 가지 사실은 바로, 어떻게 봐도 회사가 저를 채용할 메리트가 없어 보인다는 것이었습니다.

이렇게 취업 준비 시작부터 강점이라는 수렁에 빠져버린 저는 취업 활동에서 고전을 겪었습니다. 그러던 중 우연히 저와 결이 잘 맞는 면접관과 입사 면접을 봤고, 우여곡절 끝에 IT 개발 대기업인 NTT데이터라는 회사에 입사할 수 있었습니다. 그야말로 기적이라고밖에 표현할 수 없었습니다.

하지만 여전히 '내 강점을 잘 모르겠다'라는 고민을 안고 입사한 저는 곧바로 한계에 부딪혔습니다.

NTT데이터는 기업의 시스템 구축 업무를 수행하는 회사입니다.

대학 시절, 동아리 활동을 하면서 여러 사람과 함께 무엇인가를 만들어가는 경험에 가치를 느꼈던 저는, 다양한 사람들과 협력하며 큰 프로젝트를 성공시키는 일에 관심이 많았습니다.

반면에 시스템 엔지니어로서 장인처럼 제작에 몰두하고 싶은 생각은 전혀 없었습니다.

NTT데이터의 경우, 신입사원은 대부분 엔지니어로 배치됐습니다.

저는 엔지니어로서 제 실력에 전혀 자신이 없었습니다. 무엇보다 입사 후 받은 프로그래밍 연수에서의 성적이 40명 중 40위, 꼴찌였으니까요.

초조해진 저는 나름대로 책을 읽으며 IT 기초 지식을 습득하려고 노력했지만, 이 분야에 흥미가 없다 보니 관련 지식은 전혀 쌓이지 않았습니다. 시간이 지나도 실력은 여전히 40위인 상태였습니다.

어느 현장에서든, 상대가 프로그래밍에 대해 조금이라도 자세히 물어보면 저는 아무것도 대답할 수 없었습니다. 입사 3년 차가 됐어도 그런 상황은 계속됐습니다. 부끄러움을 참고 후배들에게 모르는 것을 질문하며 버텼습니다.

후배들에게 OJT(On-the-Job Training : 직무교육)를 해야 하는 위치에 있으면서도, 후배들이 저보다 훨씬 프로그래밍에 대해 잘 알고 있는, 웃으려 해도 웃을 수 없는 그런 상황이었습니다.

엔지니어로서 주요 업무에서 소외됐던 저는, 결국 총무와 비슷한 역할을 맡게 됐습니다. 사내의 컴퓨터 재고를 조사하고, 새로운 컴퓨터가 필요한 사람에게 윈도우를 설치해주는 지원 업무를 뒤에서 묵묵히 처리했습니다.

직장에서 전혀 도움이 되지 않는 직원이었기 때문에, 저는 자격증 공부에라도 몰두했습니다.

'나만의 강점이나 장점을 만들어야 해!'라는 초조함이 독선적인 학습을 부추겼습니다.

저의 머릿속에는, 무엇이라도 좋으니 먼저 나서서 배우고 받아들이지 않으면, 점점 주변 사람들에게 뒤처지게 될 것 같다는 두려움이 가득했습니다.

업무를 하면서 만족스러운 성과를 내지 못한 채 열등감에 휩싸여 있었습니다.

'상대방을 위하니'
강점이 생겨나다

어느 날, 전환점이 찾아왔습니다.

새로운 프로젝트에 배치됐는데, 그 프로젝트는 구축해야 할 시스템의 난도가 높아 개발이 지연되고 있었습니다.

이 문제를 해결하기 위해 추가 인원이 투입됐지만, 상황은 나아지지 않았고, 비용만 점점 늘어날 뿐이었습니다. 무려 2년이나 시스템 납품이 늦어지고 있었습니다.

매일 야근과 주말 출근이 이어지는 가운데, 상사가 너무나 과로한 나머지 쓰러지고 말았습니다. 결국, 어쩔 수 없이 4년 차인 제가 팀을 이끌어야 하는 상황이 된 것입니다.

팀에 위기가 닥쳤지만 제 자신이 엔지니어로서 도움이 되지 않는다는 것은 충분히 알고 있었습니다. 그렇다면 과연 무엇을 해야 할지 고민이 됐습니다.

팀을 이끌며 과장 회의에 매번 불려 가게 된 저는, '상사가 원하는 것이 무엇인가?'를 진지하게 생각해봤습니다. 마치 제가 상사가 된 것처럼 생각해보니 어렴풋이 방향성이 보이기 시작했습니다.

'일단 지연되고 있는 프로젝트를 진척시켜야 해. 내가 할 수 있는 것은, 업무를 조율해 프로젝트가 원활하게 진행될 수 있도록 돕는 것이야. 그러기 위해 '모두가 어려워하는 것'에 초점을 맞추고, 그 문제를 해결하는 데 집중해보자.'

'각 팀을 조율하고, 현재 문제가 되고 있는 사안을 제거하는 역할을 하면 팀에 도움이 될지도 모른다.' 그것이 제가 생각해낸 하나의 가설이었습니다.

지금까지는 그저 내가 할 수 있는 일, 요청받은 일을 제대로 해내는 것만 생각했었는데, 처음으로 회사나 팀, 그리고 상사가 원하는 것이 무엇인지를 생각하게 됐습니다.

이전까지 자기중심적인 관점에서 생각했다면, 이번에는 상대 중심적인 관점에서 바라보며, '모두가 어려워하고 주변 사람들이 해결하지 못하는 문제를 내가 해결한다'라는 방향으로 고민했습니다.

자기중심적인 관점에서 상대 중심적인 관점으로 바꾸자 '한번 해보자'라는 생각으로 도전해볼 만한 일들이 많이 보이기 시작했습니다.

우선 업무가 산더미처럼 쌓여 있는 프로젝트 담당자를 아침부터 붙잡아 말을 걸어봤습니다.

"안녕하세요, ○○ 씨. 이 안건 지금 어떻게 되고 있는 건가요? 제가 전혀 몰라서요…. 죄송한데, 좀 가르쳐 주시겠어요?"

당시 회사에서는 직원들 사이의 모든 대화는 메신저로 이뤄지고 있었습니다.

옆자리 직원과도 메신저로 대화할 정도였기 때문에, 사무실에서 실제로 대화하는 일은 거의 없었습니다. 하물며, 자신의 팀이 아닌 사람과의 대화는 정기 회의에서만 이뤄지고 있었습니다.

엔지니어들이 많은 회사 특성상, 다른 사람을 간섭하려는 행동은 최대한 피하려고 했습니다. 좋든 나쁘든, 모두가 자신의 일에만 집중하고 있었지요. 부장님이 "그 프로젝트는 어떻게 되어가고 있나?"라고 묻지 않는 한, 그 누구도 프로젝트의 전체 상황을 인식하지 못하고 있는 상태였습니다.

이러한 회사 분위기를 깨고 저는 모든 사람에게 직접 말을 걸어 업무를 파악해 각 팀의 프로젝트 상황을 시각화했습니다. 그 결과 점차 원활하게 교통 정리할 수 있게 됐습니다.

"이것과 이 작업이 아직 남아 있는 거지요?"
"이 포인트만 해결하면 크게 진척될 거예요. 잘 부탁드립니다."

이런 식으로 한 사람 한 사람씩 꾸준히 확인하고 조율하다 보니, 2년 늦어졌던 프로젝트가 반년으로 줄어드는 등, 상황이 조금씩 개선됐습니다. 프로젝트 지연 문제를 해결한 것이 저 혼자만의 노력으로 이뤄진 것은 아니었지만, 확실한 것은 프로젝트가 원활하게 진행되기 시작했다는 사실입니다.

얼마 지나지 않아, 저는 어느새 직장에서 중요한 존재가 되어 있었습니다.

어딘가에서 프로젝트가 막힐 것 같으면 "이 안건은 다나카 씨가 조율해줘"라는 말을 듣는 경우가 확실히 늘어났습니다. 꾸준히 프로젝트를 조율한 결과, 성과급 평가 시기 때 두 번 연속으로 최고 등급을 받을 수 있었습니다.

회사에 입사하고 처음으로, 진심으로 '일이 즐겁다'라는 생각을 했습니다. '다른 사람들은 보지 못하는 부분을 나만 보고 있다. 나에게는 보인다'라는 느낌은 자신감으로도 이어졌습니다.

'엔지니어로서 실력이 부족하더라도, 조율하는 역할을 맡아 일을 하면 팀에 도움이 될 수 있고 회사도 기뻐한다'라는 것을 실감하며, 드디어 회사에서 저만의 자리를 찾게 됐습니다.

그전까지 엔지니어로 일하면서 '늦어지고 있잖아!', '어떻게 되고 있는 거야?'라고 매일같이 상사의 질책을 들어야 했습니다.

하지만 우연히 상사가 쓰러지면서 팀을 이끌어나갈 기회를 얻었고, 매니지먼트 능력이 저의 강점이라는 사실을 깨닫게 됐습니다.

물론 저에게 가장 큰 충격을 준 것은 '내가 매니지먼트에 적합하다'라는 사실을 깨달은 것이 아니었습니다.

그것보다 더 중요한 것은, '나만의 강점이 무엇일까?'라는 자기중심적인 자문자답을 그만두고, '모두가 어려움을 겪고 있고, 아무도 해결하려고 나서지 않는 것은 무엇일까?'라고 상대방의 입장에서 생각하는 관점을 갖게 된 것이었습니다.

매니지먼트에 적합하다는 것은 어디까지나 결과론일 뿐입니다. 저 스스로 매니지먼트 역할을 잘 수행할 수 있다고 생각해 이를 시도하더라도, 상사나 팀원들이 제 일을 성과로 인정하지 않는다면 아무 의미가 없습니다.

즉, 무엇보다 중요한 것은 상대방의 기대에 부응하는 것입니다.

저는 '상대방의 기대에 부응하려면 어떻게 해야 할까?'를 고민하게 되면서, 결과적으로 저의 역량을 발휘하기 쉬운 포인트를 찾을 수 있었습니다.

우연한 계기였지만, '상대 중심적 관점'의 중요성을 깨달은 것은 귀중한 자산이 됐습니다.

다시
'강점이라는 수렁'으로

앞서 말한 것처럼, '어떻게 하면 모두에게 도움이 될 수 있을까?'라는 발상의 전환으로, 회사에서 인정받기 시작했습니다. 입사 4년 만에 비로소 저만의 자리를 찾게 된 것이지요.

직장에서 큰 성공 경험을 얻었지만 이후 '창업'이라는 선택을 하며, 회사를 떠나기로 결심했습니다. 지금 다니는 회사에서 인정을 받더라도 여기에서만 통하는 기술이 성장할 뿐이라는 불안감이 있었기 때문입니다. 이대로라면 시장에서 가치가 낮은 사람이 되어버릴 것이라는 두려움을 느꼈습니다.

먼저 회사를 그만둔 선배와 상담했을 때, '아무리 뛰어난 학생이라도 5년만 일하면 평범한 사람이 된다'라는 말을 듣고 큰 충격을 받았습니다. 그제야 한 회사에서만 일하는 것이 얼마나 위험할 수 있는지 깨닫게 되었습니다.

그 외에도 여러 가지 사건이 겹쳤고, 나름대로 준비를 하고 회사를 그만뒀습니다.

하지만 창업 후 다시 '강점이라는 수렁'을 헤매게 됐습니다. 환경이 변하면서 '상대에게 도움이 되게 한다'라는 중요한 원칙을 완전히 잊어버렸기 때문입니다.

회사를 박차고 나와 창업했지만, 이렇다 할 실적이 없었던 저는 난항을 겪으며 첫발을 내딛게 됐습니다.

그 당시, 어느 커뮤니티에 참석해도 어린 나이에 속했기 때문에 어떻게든 인정을 받으려고 애를 썼습니다.

불안감이 커지면 눈에 보이는 직책이나 기술에 집착하게 되는 법입니다. 정작 중요한 것은 자신의 능력을 키우는 것보다도 상대방에게 어떻게 도움이 될 수 있는지를 고민하는 것인데도 말입니다.

당시 회사라는 간판 없이 새로운 환경에서 살아남아야 한다는 불안감을 이겨내기 위해 어떤 확실한 무기가 필요하다고 느꼈습니다.

지식으로 무장해야겠다는 결심으로, 컨설턴트가 주최하는 창업 학원에 다니고, 다양한 비즈니스 스쿨에 참가하며 열심히 공부했습니다. 지식은 점점 늘어났지만 회사를 다니며 모았던 돈은 무서운 속도로 줄어들었습니다.

비즈니스 스쿨에서 배운 기술 중 하나가 '홈페이지 제작'이었습니다. 아마 100만 엔 이상의 돈을 투자해가며 공부했을 것입니다.

그만큼 자원을 투자했으니 반드시 홈페이지 제작으로 승부를 봐서 성과를 내겠다고 다짐했습니다. 왠지 강력한 무기를 손에 넣은 듯한 기분이 들었습니다.

하지만 막상 뚜껑을 열어보니 홈페이지 제작 의뢰는 전혀 들어오지 않았습니다.

네트워킹 모임 등에서 만난 사람들에게 "홈페이지를 만들어 드릴까요?"라고 제안해도, "필요 없어. 자네 같은 젊은 친구가 뭘 할 수 있겠어?"라며 비웃음만 당할 뿐이었습니다.

블로그 등 아무리 SNS에 글을 올려도 전혀 반응이 없었습니다. 어떻게 고객을 찾아야 할지 막막하기만 했고, 시간만 허무하게 흘러갔습니다.

결국 "비용이 들지 않는다면, 홈페이지를 만들어 달라"라고 역으로 제안한 의뢰인이 나타나, 홈페이지를 제작해 드리면서 그분의 일도 도와드리게 됐습니다.

아무 일도 없던 저는, 남아도는 시간을 채우기 위해 다른 사람을 돕는 것 외에는 달리 방법이 없었습니다. 방에서 아무것도 하지 않고 혼자 있는 것보다는 차라리 무료로라도 다른 사람을 돕는 편이 낫다는 심정이었어요.

'강점'이 아니어도
돈이 된다

이후 저는 창업가나 세미나 강사들의 여러 가지 다양한 일을 돕게 됐습니다. 그분들이 일하는 모습을 가까이에서 지켜보면서 한 가지 중요한 사실을 깨달았습니다.

사람들은 흔히 '회사에서 독립해서 일하는 사람은 일을 잘한다. 즉, 능력이 뛰어나기에 회사의 보호에서 벗어나도 성공할 수 있다'라고 생각합니다.

그러한 이미지의 영향으로, 창업가는 '무엇이든 잘해내는 사람'이라는 인식이 자리 잡은 듯했습니다.

하지만 제가 본 창업가나 세미나 강사들은, 세상 사람들이 당연하게 여기는 비즈니스맨으로서의 기본적인 능력이 부족한 경우가 많았습니다.

예를 들어, 어떤 스피리추얼 카운슬러(spiritual counselor, 영성 상담자)는 블로그를 통해 세미나 참가자를 모집하고 있었는데, 신청자 리스트를 작성하지도 않고 입금 관리도 전혀 하지 못하고 있었습니다.

세미나 공지만 하고, 정작 중요한 후속 관리가 엉망이었던 것이지요.

보다 못해 엑셀로 신청자 리스트를 만들고, 입금 확인을 도와드리자 그 분은 믿기지 않을 정도로 너무 고마워하셨습니다.

그뿐만 아니라 놀라운 제안을 받았습니다.

"비용을 지불할 테니 다음 행사 때도 도와주게"라며, 일자리를 권유한 것입니다.

솔직하게 말하자면 저도 속으로 깜짝 놀랐습니다.

제가 도와드린 것은 엑셀이나 워드를 사용한 데이터 정리, 홍보 전단지 작성, 그리고 인터넷으로 고객의 입금 등을 확인해서 정리하는 등의 비교적 간단한 작업들이었으니까요.

평범한 직장인이라면 누구나 충분히 할 수 있는 일들이었고, 그것도 입사 1년 차 신입사원에게나 맡길 만한 일이었습니다.

이처럼 제게 요구된 것은 신입 수준의 능력이었습니다. 100만 엔이나 들여 익힌 기술은 전혀 통하지 않았는데, 누구나 할 수 있는 기술로 고객을 만족시킬 수 있다니! 정말, 전혀 예상하지 못했던 일이었습니다.

머리로는 '그럴 리가 없어'라고 생각했지만, 현실에서 마주한 것은 누구나 할 수 있는 기술을 제공받고 기뻐하는 사람들의 모습이었습니다.

그런 상황을 목격하면서 저는 한 가지 확신을 갖게 됐습니다.

'특별한 기술이나 독창적인 무기는 큰 의미가 없었던 거야.'
'상대가 기뻐할 만한 일을 깊이 파고들기만 하면 됐던 거야!'

다시 '강점이라는 수렁'에서 빠져나온 저는, 여러 경영자들을 만나면서 상대가 무엇에 어려움을 겪고 있는지 알아내는 데 집중하게 됐습니다. 그리고 상대방이 어려워하는 지점을 찾아내면, 적극적으로 지원해드리겠다는 의지를 어필했습니다.

그러자 건당 단가는 저렴할지라도, 많은 일을 맡을 수 있게 됐습니다. 자기중심적 관점을 버리고 상대 중심적 관점으로 옮겼을 뿐인데, 단번에 기회가 늘어났습니다.

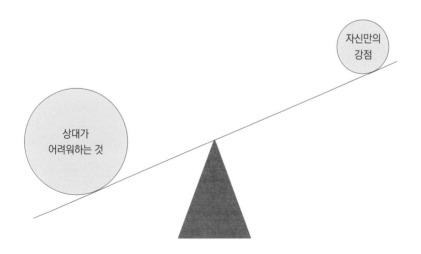

강점은 '절대적'이 아니라
'상대적'이다

저는 창업한 이래로 지금까지 500명 이상의 사람들을 컨설팅해왔습니다. 비즈니스 측면에서의 성과로 설명하는 것이 가장 이해하기 쉬울 것입니다. 지금까지 클라이언트들의 매출을 누적 50억 엔 이상 증가시켰습니다. 그렇게 경력을 쌓다 보니, 성공하는 사람과 그렇지 않은 사람의 차이가 자연스럽게 보이기 시작했습니다.

그 경험을 통해 말할 수 있는 것은, 자신의 독특한 '강점'으로 승부하는 사람은 그렇게 많지 않다는 사실입니다.

일반적으로 '강점'이라고 불리는 것은 바꿔 말하자면 '전문성'이라고 할 수 있습니다. 절대적인 전문성으로 승부할 수 있는 사람은 눈에 띄지만, 그 수가 많지는 않습니다. 좋아하는 일로 먹고사는 사람들도 여기에 포함됩니다.

저는 이러한 사람들을 '카리스마형'이라고 부릅니다.

이 유형의 사람들은 자신만의 '강점'을 갈고 닦고, 좋아하는 일과 하고 싶은 일이 명확하게 정해져 있습니다. 그리고 그들이 목표로 하는 분야에서 비범한 재능을 발휘하고 있지요. 이렇게 자신의 무기를 명확히 알고 잘 활용하는 사람은 그것으로 밀고 나가는 것이 좋습니다.

자신의 신념을 끝까지 밀고 나갈 수 있는 '카리스마형'의 사람들과 함께 일할 기회가 있었는데, 좋아하는 것이나 의견이 분명한 그들의 모습을 보며 참 부러웠습니다.

하지만 저를 포함해 세상을 살아가는 대부분의 사람들은 평범한 사람들입니다. 좋아하는 일이나 잘하는 일을 단번에 찾지 못하고, 자신을 표현하는 것도 그다지 능숙하지 않지요. 좋아하는 일이 있긴 하지만, 그 일로 먹고살아갈 만큼 열정적이지도 않습니다. 다른 사람이 시킨 일은 할 수 있지만, 남들보다 뛰어나게 잘하는 것은 특별히 없습니다. 저는 이러한 사람들을 '서포터형'이라고 부릅니다.

'서포터형'의 사람이 독특한 전문성을 무기로 싸우는 것은 너무나도 혹독한 일입니다. 어느 분야에나 뛰는 놈 위에 나는 놈이 있기 때문입니다.

서포터형에게는 서포터형만의 삶의 방식이 있습니다. 특정 분야에서 두각을 드러내는 것을 목표로 삼을 것이 아니라 상황에 맞춰 적응해나가는 방식입니다.

여기서 필요한 것이 강점에 대한 사고방식을 완전히 바꾸는 것입니다.

서포터형에게 있어 '강점은 절대적인 것'이라는 생각은 그저 착각에 불과합니다.

강점은 절대적인 것이 아니라, 상대적인 것입니다.

자신이 잘한다고 생각하는 기술도 그것을 발휘하는 상대나 주변 환경에 따라 그 가치는 크게 변합니다. 인사이동을 하면 달라지고, 이직을 해도 달라질 수 있습니다.

예를 들어, 현재 직장에서 프레젠테이션 능력이 가장 뛰어나고, 스스로도 프레젠테이션을 무기로 삼고 있는 A 씨가 있다고 가정해봅시다.

프레젠테이션 능력을 절대적인 강점으로 여기는 A 씨는 이직을 통해 한 단계 성장하기를 바랐습니다. 무사히 새로운 직장을 구하고 의기양양하게 출근했더니, 그 직장에는 프레젠테이션의 달인들이 넘쳐나고 있었습니다.

이렇게 되면 A 씨가 지닌 강점의 가치는 순식간에 떨어집니다. 도저히 "제 강점은 프레젠테이션 능력입니다!"라고 큰 소리로 말할 수 없을 것입니다.

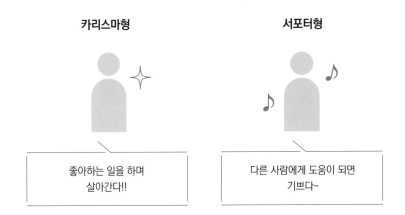

카리스마형

좋아하는 일을 하며
살아간다!!

서포터형

다른 사람에게 도움이 되면
기쁘다~

유형	카리스마형	서포터형
강점	절대적	상대적
관점	자신이 좋아하는 것을 널리 알리다	상대에게 도움이 되다
도움이 될 수 있는 것	좋아하는 것	상대가 바라는 것
어려워하는 부분	상대에 따라 유연하게 무기를 바꾸는 것	자신이 좋아하는 것에 상대를 끌어들이는 것
생각	일단 결정되면 앞만 보고 나아간다	상황에 맞춰서 적응한다

물론 반대의 경우도 있을 수 있습니다.

앞서 제가 엔지니어로서 주요 업무에서 소외돼, 직장 내 컴퓨터를 설정하는 업무를 맡았던 에피소드를 이야기했습니다. 물론 컴퓨터 설정은 누군가는 꼭 해야 하는 일이기는 합니다.

하지만 '이 일이 나만 할 수 있는 일인가?'라고 묻는다면 전혀 그렇지 않습니다. 실제로는 누구나 할 수 있는 일입니다.

컴퓨터 설정은 전문성과는 거리가 멉니다. 그래서 '컴퓨터 설정'과 '강점'이 연결될 것이라고는 꿈에서조차 상상하지 못했습니다.

그런데 말이지요.

회사를 그만두고 외부 세계로 나가 보니, 저보다 훨씬 IT와 거리가 멀고, 컴퓨터 설정만 해줘도 눈물을 흘릴 정도로 기뻐하는 사람들이 많았습니다.

그리고 실제로 컴퓨터 설정만 해도 돈을 버는 것이 가능했습니다!

회사에서는 IT의 부진아였던 제가, 회사 밖에서는 'IT 천재' 취급을 받았지 뭡니까!

이 경험은 충격적이면서도, 큰 발견이었습니다.

다시 반복해서 말하지만, '잘하는 것'과 '못하는 것'은 환경에 따라 놀랄 만큼 변할 수 있습니다.

따라서 환경을 바꾸기만 해도 믿을 수 없을 정도로 빛이 나는 사람도 존재합니다.

현재 환경에서의 강점은 절대적인 것이 아니며, 환경이 바뀌면 약점이 될 수도 있습니다. 반대로, 현재 환경에서의 약점이 강점으로 변할 수도 있고요.

앞선 예시와 반대로, 프레젠테이션 기술이 약점이라고 느끼는 사람도 있을 수 있습니다. 하지만 직장에 따라서는 당신의 기술로도 충분히 승부를 볼 가능성도 있습니다.

그렇게 된다면, 당신에게 프레젠테이션 기술은 더 이상 약점이 아닐 것입니다.

결국, 불안정하기 짝이 없는 '한 가지 강점'에 집착할 필요는 전혀 없습니다. 그보다 더 중요한 것은 그 자리에서 요구되는 가치를 제공하는 것입니다.

전문성이 없어도 그 순간, 그 자리에서 상대가 원하는 가치를 제공하면, 성과를 낼 수 있고 자신만의 입지를 확고히 다질 수 있습니다.

강점은
시대에 따라 변한다

다시 말하자면, 과거에 좋은 평가를 받았던 강점이 지금은 필요하지 않게 되는 경우도 다반사입니다.

자신의 강점은 평생 변치 않을 것이며, 오랜 시간 동안 갈고닦아야 한다고 믿는 사람들이 있습니다. 하지만 이는 명백한 착각입니다. 실제로 강점의 유효성이나 유통 기한은 시대에 따라 달라집니다.

예를 들어, 과거의 슈퍼마켓에는 '계산의 달인' 같은 사람이 있었습니다. 바코드가 없던 시절에는 상품 하나하나에 붙은 가격표를 정확하게 읽고 그것을 빠르고 정확하게 입력하는 기술이 큰 무기가 됐습니다.

하지만 계산대에 바코드가 도입되면서, 숫자를 하나하나 일일이 입력하는 기술은 필요 없게 됐습니다. 더 나아가 지금은 셀프 계산대가 도입되고 있어 '계산원'이라는 직업 자체가 사라질 것으로 예상됩니다. 계산원이라는 직업이 없어지면, 계산 기술의 유통 기간도 끝나는 것입니다.

특히, 지금은 변화가 극심하고 앞날이 불투명한 시대입니다.

비즈니스나 국제 사회의 불안정성을 나타내는 말로 자주 사용되는 것이 VUCA(뷰카)라는 키워드입니다. VUCA는 다음의 4가지 단어의 머리글자를 딴 용어입니다.

Volatility(변동성·불안정성)
Uncertainty(불확실성·불확정성)
Complexity(복잡성)
Ambiguity(모호함·불명확성)

'오늘날 세상은 변화가 극심하다'라는 이야기는 꽤 오래전부터 나왔습니다. 이에 따라 자기 나름대로 변화에 대응하려고 한 사람도 있을 것이고, 똑같은 일상을 보내는 사람도 있었을 것입니다.

하지만 2020년에 신종 코로나바이러스 대유행이 발생하면서 대부분의 사람들이 변화를 강하게 실감하게 됐습니다.

몇 해 전까지만 해도 '상대방과 직접 만나지 않고 상담하는 것은 예의에 어긋난다'라는 분위기가 만연했지만, 지금은 모두가 온라인을 통한 상담이나 미팅을 당연하게 여기고 있습니다.

여러분들 중에는 이미 재택근무가 일상이 된 분들도 적지 않을 것입니다. 이런 변화에 적응하지 못하고, 옛날 방식에 집착하면 뒤처질 뿐입니다.

지금 하고 있는 일이 5년 후, 10년 후에도 수요가 있을지 아무도 장담할 수 없는 시대입니다. 이렇게 변화가 극심한 시대에 '나에게는 이것밖에 없어'라고 단정 짓고, 한 가지 기술만을 추구한다? 저는 너무 두려워서 도저히 그렇게 할 수 없습니다.

오늘날 개인의 커리어는 점점 다양해지고 있으며, 딱 정해진 정답도 사라지고 있습니다.

한때는 좋은 대학을 나와 좋은 회사에 들어가면 평생 안정적으로 살 수 있다는 의견도 어느 정도 설득력을 가졌습니다. 하지만 지금은 평생직장도 종신 고용도 연공서열(근속 연수나 나이가 늘어감에 따라 지위가 올라가는 일)도 무너지고 있습니다. 회사의 수명보다 개인의 수명이 더 길어지기도 했습니다.

그리고 이제는 이직이 당연시되는 상황이 찾아왔습니다. 제 주변에서도 한번 회사를 그만두고 창업했다가, 하고 싶은 일이 생겨 다시 회사원으로 돌아간 경우도 있습니다.

이제는 회사에서 함께 일하는 사람들이 매년 바뀌어도 전혀 이상하지 않습니다. 자신은 변화를 싫어해 같은 직장에 남아 있더라도, 갑자기 회사가 인수되어 새로운 상사와 일하게 될 수도 있습니다.

이러한 시대에는 상황 변화에 따라 최적의 해결책을 도출해낼 수 있는 능력이 필수적입니다.

필요할 때, 즉시 그 자리에서 필요한 '강점'을 꺼내 쓸 수 있는 사람이야말로 앞으로의 시대에서 살아남을 수 있습니다.

세상이 아무리 변화를 거듭해도 변하지 않는 진리가 있습니다.

'가치를 제공할 수 있다면 선택받은 사람이 될 수 있다'라는 대원칙입니다.

어쨌든 다른 사람들에게 도움을 줄 수 있다면, 자신만의 입지를 확고히 할 수 있습니다.

강점은 시대와 환경에 따라 바뀌는 것입니다. 따라서 그때그때 상황에 맞는 최적의 강점을 찾아내면 됩니다.

중요한 것은 언제든 새로운 강점을 찾아낼 수 있도록 준비하는 것, 그리고 이를 위한 생각의 구조를 정리해두는 것입니다.

'진정한 강점'으로
선택받는 사람이 된다

지금도 많은 사람들이 자신의 강점을 발견하기 위해 다양한 도구를 활용하거나 책을 깊이 탐구하고 있습니다. 고민으로 가득한 나날 속에서, 지푸라기라도 잡는 심정으로 이 책을 집어 든 분도 있을 것입니다.

단언컨대, 자신의 전문성이나 특기를 강점으로 삼으려 해도 고민에서 해방되는 일은 결코 없을 것입니다.

거듭 말하지만, 설령 여러분이 특기라고 생각할 만한 기술을 키웠더라도 이 기술이 얼마나 통할지는 알 수 없습니다. 애초에 필요로 하는 사람이 없으면 무의미합니다.

여기서 다시 한번 '머리말'에서 한 질문을 던져보겠습니다.

"여러분은 왜 '강점'을 찾고 싶으신가요?"

여러분들이 진정으로 원하는 것은 단순히 특기를 얻는 것이 아닐 것입니다.

진심으로 바라는 것은 '이직하고 싶다', '직장에서 인정받고 싶다', '선택받는 사람이 되고 싶다', '프리랜서로서 자유롭게 생활하고 싶다' 등일 것입니다. 이러한 것들은 강점을 손에 넣은 후에 이뤄질 수 있는 이상적인 미래가 아닐까요?

즉, 일로써 주변 사람들에게 필요한 사람이 되고, 성과를 내 인정받고, 감사하다는 말을 듣기를 바라는 것입니다.

여러분이 성과를 내는 데 있어서 결정권은 결국 여러분 주변의 다른 사람들에게 달려 있습니다.

즉, 성과는 상대방이 인정하고 만들어주는 것입니다.

일을 하다 보면, 자신의 힘만으로 성과를 낼 수 있다고 생각하는 사람이 꽤 많습니다. 그것은 큰 착각입니다. 아무리 실력이 뛰어나도, 상사나 회사, 고객 그리고 그 너머의 시장이 만족하지 않으면 성과를 낼 수 없습니다. 반대로 말하면, 상대방이 기뻐하기만 한다면, 실력이 없어도 성과를 낼 수 있습니다.

저는 주변 사람들로부터 '비즈니스를 잘 키우고 있다', '성공했다',

'능력이 대단하다'라는 말을 들을 때가 있습니다. 하지만 세상을 둘러보면, 하늘 위에는 또 다른 하늘이 있습니다. 압도적인 성공을 거머쥔 사람들과 비교하면, 제 자신은 아직도 미숙하고, 능력이 부족하다는 것을 충분히 알고 있습니다.

하지만 현실적으로 제가 하는 일이 누군가에게 기쁨을 주기 때문에 비즈니스가 성립하는 것입니다. 그것으로 충분하지 않을까요? 미숙하더라도, 기술이 없더라도, 상대에게 맞추고 그 요구에 부응할 수 있으면 되는 것입니다.

서포터형에게
기회가 있다

제가 생각하기에, 서포터형인 사람들에게는 상대방을 맞춰줄 수 있는 재능이 있습니다.

애초에 카리스마형이라고 불리는 사람들은 대부분 자신만의 길을 걷는 스타일입니다. 따라서 다른 사람이 자신을 어떻게 생각하는지 전혀 신경 쓰지 않습니다.

반면, 서포터형이라고 불리는 사람들은 다른 사람들의 움직임에 민감합니다. 늘 분위기를 읽고, 다른 사람들의 반응을 살피며 생활합니다.

'자꾸 주변 사람들의 시선을 신경 쓰며 행동한다.'

'너무 튀지 않고, 주변에 맞춰 사는 편이 훨씬 편하다.'

저는 다른 사람에게 어떻게 보일지 신경 쓰는 그 마음을 충분히 이해할 수 있습니다. 저도 그런 성향이기 때문입니다.

'다른 사람의 눈치를 살핀다'라고 하면 부정적인 이미지가 있지만, 다른 측면에서 보면 '다른 사람들의 생각을 잘 추측한다'라고도 할 수 있습니다.

서포터형인 사람들은 상대방의 행동에 따라 여러 가지 행동을 취할 수 있습니다. 그렇다면, 자신의 강점을 찾는 것에 얽매이는 것이 아니라 '상대가 바라는 것이 무엇인지'를 생각하고 그것에 맞춰 행동함으로써 기회를 넓힐 수 있을 것입니다.

자신에 대해 잘 알지 못해도 괜찮습니다. 상대가 바라는 것만 알면, 서포터형도 충분히 성과를 낼 수 있습니다.

상대가 어려워하는 것, 도움의 손길을 필요로 하는 것을 파악한 후에, '그것을 도와드릴 수 있어요'라는 자세를 취하면 반드시 선택받는 존재가 될 수 있습니다.

이것은 제가 '나중에 내는 가위바위보'라고 부르는, 진정한 강점을 발휘하는 방법입니다.

'강점'을 찾는 관점을
180도 전환하자!

제가 이 책을 통해 전하고 싶은 것이 있습니다. 바로 여러분이 자신만의 강점을 찾으려고 하기 전에, 강점과 올바르게 마주하는 방법을 알게 됐으면 하는 것입니다.

다른 말로 하자면, 강점을 찾는 관점을 180도 전환해보셨으면 합니다.

자신 안에서 강점을 찾으려고 하면, 강점의 딜레마에 빠져 '강점의 수렁'을 헤매게 됩니다. 저는 이제 대부분의 사회인들이 겪고 있는 이 강점의 딜레마에 종지부를 찍고 싶습니다.

사실 강점을 둘러싼 오해를 풀고, 생각을 180도 전환하는 것만으로도 문제의 80%를 해결할 수 있습니다. 강점을 올바르게 바라보는 방법을 알기만 해도, '지금의 기술로도 충분히 가능하겠구나'라며 자신감을 갖게 될 사람들이 의외로 많을 것입니다.

물론 자신만의 기술을 연마하기 위한 노력도 중요하지만, 현재의 자신을 긍정적으로 생각하는 것도 중요합니다.

저 역시 강점을 찾으려고 애썼던 20대 초반에는 '결국 나에게는 약점만 있는 건가?'라고 고민했습니다.

그래서 '강점을 찾고 싶다', '약점밖에 보이지 않는다'라고 고민하는 마음을 충분히 이해합니다.

하지만 그런 사람들에게 지적하고 싶은 것이 있습니다. '약점밖에 없다'라는 말은 결국 '자신만 보고 있다'라는 소리밖에 되지 않습니다.

"아무리 생각해도 저에게는 약점밖에 없는 것 같아요"라고 말하는 사람에게 조언을 한다면, 이 한마디로 충분합니다.

"아니에요. 당신이 자신을 어떻게 생각하든 그것은 별로 중요하지 않아요. 그런 생각을 하기보다 주변을 더 살펴보세요!"

반대로, '제 강점은 이것이에요!'라고 단정 짓는 것도 위험합니다.

주변 사람들의 입장에서 보면, 자신의 강점을 강요하는 것은 단지 민폐일 뿐입니다.

'강점이든 무기든 특기든 난 모르겠고, 자기 자랑은 이제 됐으니, 실제로 뭔가 도움이 될 만한 것을 보여 달라고!' 이것이 당신 주변 사람들의 솔직한 마음입니다.

X 전통적인 강점 = 자신이 가장 잘하는 것
○ 진정한 강점 = 세상에 가장 도움이 될 수 있는 것

간단히 요약하자면, 이것이 제가 내린 결론입니다. 이 책에서는 '진정한 강점'을 찾아내고, 그것을 발휘해 성과를 내는 방법을 다루고 있습니다.

진정한 강점을 찾게 되면, 자신의 능력은 전혀 변하지 않았는데도 상대방이 갑자기 여러분을 높이 평가하게 될 것입니다. 평범 그 자체라도 천재처럼 보이게 될지도 모릅니다.

진정한 강점을 발휘하며 행동하면, 주변에서 '그 사람이라면 도와줄 거야', '그 사람에게 부탁하자!'라는 인식이 자리 잡게 됩니다.

다음에 나올 제2장에서는, 관점을 바꿔 진정한 강점을 찾을 수 있게 도와주는 '강점 혁명 템플릿'에 대해 설명하도록 하겠습니다.

제2장

'강점 혁명 템플릿'에
대해 알아보자

'강점 혁명 템플릿'이란
무엇일까?

제2장에서는 '진정한 강점'을 찾기 위한 프레임워크(framework, 어떤 일에 대한 판단이나 결정 따위를 위한 틀), '강점 혁명 템플릿'에 대해 설명하겠습니다.

'상대방에 대해 잘 이해하고, 상대방이 필요로 하는 것에 집중한다. 그리고 상대방이 필요로 하는 것을 꾸준히 제공한다.'
이 원리는 일에서 성과를 내기 위한 기본 원칙으로, 제1장에서 다룬 내용입니다.

하지만, 실제로는 상대방이 필요로 하는 것을 알기만 해서는 충분하지 않습니다.

'그 제안, 사람들이 흔히 하는 말이잖아.'

'그건 이미 다른 사람들이 하고 있는 거야.'

이런 상황에 놓인다면, '진정한 강점을 발휘하고 있다'라고 말하기는 어려울 것입니다. 그렇습니다. 자신이 제공하는 것이 주변 사람들과 겹친다면, 그 가치는 떨어지게 마련입니다.

'상대방이 필요로 하는 것'뿐만 아니라, '주변의 경쟁자들이 하고 있지 않는 것'도 중요합니다.

더불어, '자신이 할 수 있는 것'도 중요한 포인트입니다.

경쟁자가 없는 분야를 발견했더라도 자신이 전혀 손을 댈 수 없는 것이라면, 강점을 살릴 수 없기 때문입니다.

정리해보자면, 우리가 진정한 강점을 발휘하고 확실하게 성과를 내기 위해서는 다음의 3가지 조건이 충족될 필요가 있습니다.

• 상대방이 필요로 하는 것
• 경쟁자가 하지 않는 것
• 자신이 할 수 있는 것

이 3가지 조건이 갖춰지면 어디서 누구와 일하더라도 인정받는 사람이 될 수 있습니다.

돌이켜 보면, 제가 비즈니스에서 성공을 거뒀을 때는 무의식적으로 이 3가지 조건을 충족하는 행동을 하고 있었습니다.

그 경험을 바탕으로, 누구나 이 3가지 조건을 충족하고 성과를 낼 수 있도록, 지금까지 제가 해왔던 방법을 동일하게 적용할 수 있는 프레임워크를 만들어봤습니다.

그 결과, 완성된 것이 바로 '강점 혁명 템플릿'입니다.

'상대방이 필요로 하고, 경쟁자가 하지 않으며, 자신이 할 수 있는 것'을 통해 '진정한 강점'을 만들어내고 활용할 수 있다.

이것이 바로 다른 사람들보다 더 나은 성과를 낼 수 있는 사람이 되기 위한 프레임워크입니다.

5가지 단계로 '진정한 강점'을 몇 번이고 만들어낼 수 있다

'강점 혁명 템플릿'은 5가지 단계를 통해 '진정한 강점' 만들기를 목표로 삼고 있습니다. 그 5가지 단계는 다음과 같습니다.

1단계 : 목표 설정하기

2단계 : 상대 축 정리하기

3단계 : 경쟁자 축 정리하기

4단계 : 자기 축 정리하기

5단계 : '진정한 강점' 만들기

이 중에서 '상대 축', '경쟁자 축', '자기 축'이라는 말은 다소 생소하게 느껴질 수 있습니다. 이 부분은 나중에 하나씩 자세히 설명할 테니, 여기서는 '상대방과 관련된 것', '경쟁자와 관련된 것', '자신과 관련된 것' 정도로 이해하시면 됩니다.

강점 혁명 템플릿

1단계 : 목표 설정하기
2단계 : 상대 축 정리하기
3단계 : 경쟁자 축 정리하기
4단계 : 자기 축 정리하기
5단계 : '진정한 강점' 만들기

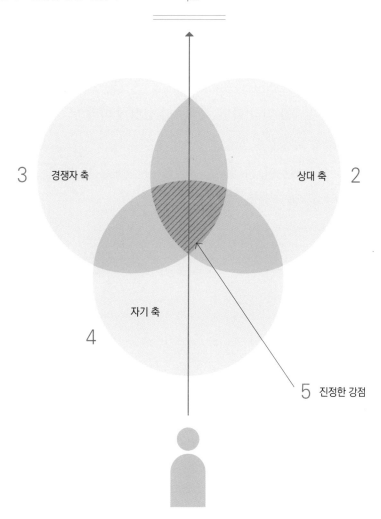

1 목표

3 경쟁자 축

2 상대 축

자기 축

4

5 진정한 강점

간단하게 말하면, '일단 목표를 명확히 하고, 상대방과 경쟁자에 대한 것을 정리한 후에 자신이 가진 자원을 고려하면서 진정한 강점을 만들어가는 과정'입니다.

이 5가지 단계를 기반으로 한 '강점 혁명 템플릿'은 사용하는 사람이나 환경에 상관없이 누구나 다 활용할 수 있는 보편적인 프레임워크입니다.

이 5가지 단계를 따라 하면, 목적이나 상황에 따라 몇 번이고 '진정한 강점'을 만들어낼 수 있습니다.
실제로 활용해보면, 기존의 '자기 이해'나 '자기 분석'과는 전혀 다른 접근 방식이라는 것을 깨닫게 될 것입니다.

1 목표란 무엇일까?

그럼, 1단계부터 설명해보겠습니다. 1단계는 '목표 설정하기'입니다.
목표란, 여러분이 어떤 결과를 얻고 싶은지를 의미합니다.
또는 '진정한 강점'을 발휘해 효율적이고 효과적으로 도달하고 싶은 지점이라고도 할 수 있습니다.

목표는 사람에 따라 제각각 다릅니다. 회사원의 경우 '직장에서 인정받고 싶다'라는 것이 목표일 수도 있고, '매출을 ○○원 올리고 싶다'라는 것도 목표가 될 수 있습니다.

'꿈에 그리던 회사에 취업하고 싶다.'
'지금보다 더 좋은 대우를 받는 회사로 이직하고 싶다.'
'현재 다니고 있는 회사에서 누구보다 빠르게 승진하고 싶다.'
'창업에 성공해 수입을 늘리고 싶다.'
'신제품을 기획해 히트시키고 싶다.'

목표의 내용은 다양하지만, 목표를 설정하는 것이 모든 것의 시작점이라는 공통점이 있습니다.

1단계에서 목표를 설정해야지만 그 후에 상대 축, 경쟁자 축, 자기 축 등의 요소를 결정할 수 있습니다.

등산에 비유하자면, 오르고자 하는 산(목표)을 정해야 무엇을 준비하고 어떻게 행동할지 결정할 수 있습니다.

에베레스트를 목표로 한다면 본격적인 장비와 상당한 훈련이 필요하지만, 집 근처에 있는 200m 산을 오른다면 적당히 가벼운 차림으로도 충분히 오를 수 있습니다. 어느 산을 목표로 할지 정하지 않은 상태에서 아무리 준비를 해봤자 엉뚱한 준비만 할 가능성이 큽니다.

이렇게 등산에 비유해보면 명백하게 답이 나오는데, 왜 강점에 대해 생각할 때는 이 원칙을 잊게 되는지 모르겠네요.

대부분의 사람들은, 어느 산에 오를지(무엇을 목표로 할지) 정하지도 않은 채, 좋은 도구(강점)를 찾아야 한다고 서두릅니다.

도구(강점)를 가져야 한다는 조급함 때문에 정작 중요한 목표 설정이 뒤로 밀리게 되는 것입니다.

그리고 어느새 '강점을 갖는 것' 자체를 목표로 착각하는 경우도 있습니다. '전산회계 2급에 합격하는 것이 목표'라고 말하면서 전산회계 능력으로 무엇을 하고 싶은지 전혀 생각해보지도 않은 채 그저 자격증 취득에만 열을 올리는 사람들이 그 대표적인 사례입니다.

조금 더 적나라하게 말하자면, 이는 그저 강점에 휘둘리고 있는 노예 상태라고 할 수 있습니다.

강점은 어디까지나 목표를 달성하기 위한 '수단'일 뿐입니다. 목표가 있어야만 강점을 발휘할 이유가 생깁니다. 이 순서를 결코 잊지 마시기 바랍니다.

② 상대 축이란 무엇일까?

2단계에서는 상대 축을 정리합니다.

상대 축이란, '목표를 달성하기 위해 자신이 영향을 미치고 싶은 사람'을 말합니다. 그리고 상대 축 정리는, 자신이 영향을 주고 싶은 상대에 대해 조사하는 모든 것을 의미합니다.

왜 목표를 설정한 다음에 상대 축을 고려해야 할까요? 바로 상대 축이 가장 중요한 요소이기 때문입니다. 상대 축에 대해 중요하게 여기고 깊이 고민하는 사람은 어느 분야에서든 성공을 거두고 있습니다.

영업 현장을 떠올리면 더 쉽게 이해할 수 있을 것입니다.

예를 들어 자동차를 구입하려고 이것저것 알아보고 있던 차에, 영업 사원이 당신을 방문했다고 가정해봅시다. 그때 영업사원이 끊임없이 자신을 어필하거나 "이 차는 제가 정말 좋아하는 차예요! 어떠신 가요?"라고 끈질기게 권유한다면 어떤 느낌이 들까요?

진저리 나지 않을까요? 아마 그 사람에게서 자동차를 구매하고 싶 은 마음이 사라질 것입니다.

하지만 만약 당신에게 자동차의 용도나 선호도를 자세히 물어본 후, 당신의 요구 사항에 가장 부합한 차를 제안해준다면 어떨까요? 최종적으로 구매할지 여부와는 별개로, 그 제안은 참고할 만하다고 생각할 것입니다.

제가 아는 유능한 영업사원은 상담할 상대의 SNS를 과거까지 거슬 러 올라가 살펴보며, 자세히 조사합니다. 그리고 상대가 무엇을 원하 는지를 미리 분석한 후, 상담에 임합니다.

즉, 상대를 이해하고, 상대의 문제 해결을 최우선으로 두고 일하는 것입니다. 자신을 어필하기보다 상대의 니즈에 맞는 상품이나 서비스 를 제안하는 것이지요. 이렇게 하면 영업이 잘되는 것도 당연한 결과 라 할 수 있습니다.

사람들이 '자신만의 강점'에 집착하는 이유는 자신을 좋아하기 때 문입니다. 자기 자랑을 하고 싶어 하고, 어필하려는 것도 자신을 사랑 하기 때문이에요.

또한 자신의 요구를 밀어붙이고, 상대의 이야기를 들으려 하지 않는 것은 다른 사람에게 관심이 없기 때문입니다. 다른 사람에게 무관심하기 때문에 상대에 대해 제대로 조사하지 않고, 자신의 가치관만을 강요하려고 하는 것이지요. 상대의 입장에서 보면, 그저 민폐가 될 뿐입니다.

모두가 다른 사람에게 무관심하다는 것은, 달리 말하면 상대에게 관심을 가지는 것만으로도 엄청난 이점을 얻을 수 있다는 뜻입니다.

상대가 무엇을 하면 기뻐할지를 생각하고 실천하는 것만으로도 '그렇지 않은 여러 사람들' 사이에서 한발 앞서 나갈 수 있습니다.

어떤 직장으로 이직하든, 어떤 경력을 쌓든 이 기본만 잊지 않으면 반드시 성공할 수 있습니다. 따라서 처음에 상대 축을 정리하는 것이 중요합니다.

3 경쟁자 축이란 무엇일까?

경쟁자 축이란 '상대 축에 영향을 미치고, 선택받으려고 하는 사람들'을 말합니다.

취업이나 이직을 목표로 삼는 경우 경쟁자 축은 같은 회사를 지망

하는 지원자가 될 수 있으며, 직장 내의 경우라면 동료들이 여기에 해당합니다.

하지만 직장 동료들은 경쟁 상대라기보다는 공통의 목표를 향해 나아가는 '동료'라는 측면이 더 큽니다.

이 책에서는 경쟁자라는 단어를 '경쟁 상대'뿐만 아니라 '서로의 능력을 높여주는 경쟁자'라는 2가지 의미로 해석해 사용하고 있습니다. 목표와 상대 축이 결정되면, 경쟁자라는 단어의 의미도 달라집니다.

경쟁자 축의 중요성에 대해 다시 한번 크게 깨달은 사건이 있었습니다. 그것은 한 방송업계 관계자가 SNS에 "입사 면접에서 '저는 유튜브 영상 편집이 특기입니다'라고 자신을 어필하는 학생들이 너무 많아서 피곤하다"라고 쓴 글을 봤을 때입니다.

많은 학생들이 취업을 위해 자신을 어필할 재료가 필요하다는 것을 인식하고 있습니다. 만약 방송 업계에 취업하기를 원한다면 영상 편집 기술이 있는 편이 유리할 것입니다. 그래서 '영상 편집'을 자신의 강점으로 삼아 이를 강조하는 것입니다.

언뜻 보면 논리적으로 타당해 보이지만, 영상 편집을 어필하는 학생들에게는 '주변 경쟁자들이 무엇을 어필할까'라는 생각이 결여되어 있습니다.

물론, 자신의 실적이 경쟁자보다 압도적으로 뛰어난 경우는 그대로 어필해도 괜찮겠지요. 하지만 사전 조사를 해보고, '경쟁자들이 모두 영상 편집을 어필한다면 나에게 승산은 없다'라는 것을 깨달았다면, 면접 때는 다른 강점을 내세우는 것이 낫겠다는 생각에 도달할 것입니다. 이렇게 경쟁자를 고려해 준비하면 면접을 통과할 가능성도 높아집니다.

이런 식으로 생각할 수 있는 학생은 취업은 물론이고, 이후의 커리어에서도 크게 실패할 걱정이 없을 것입니다.

상대의 입장뿐만 아니라, 경쟁자의 시각에서 사물을 바라보며 생각하는 습관을 기르시기 바랍니다.

어떤 경우에도 상대에게 제공하는 가치는 수요와 공급의 관계에 따라 결정됩니다. 자신만의 가치라고 생각했던 것을 이미 누군가가 제공하고 있다는 것을 깨닫는 일은 흔히 발생합니다. 상대가 필요로 하는 것이라도 이미 주변의 누군가가 제공하고 있다면 그 효과는 약해질 수밖에 없습니다.

그리고 상대에게 선택받기 위해서는 경쟁자의 약점, 경쟁자가 어필하지 않는 부분과 다루지 않은 부분을 파악하고, 그 부분을 공략할 필요가 있습니다. 이를 통해 자신이 제공하는 것의 가치가 높아지는 것은 당연한 이치입니다.

기업의 영업이나 판매 계획에 사용되는 '란체스터 전략(Lanchester strategy)'이라는 경쟁 전략이 있습니다. 란체스터 전략은 전력이 우세한 '강자'와 전력이 열세한 '약자'로 구분하고, 약자가 강자를 이기기 위한 방법을 설명합니다.

'란체스터 전략'은 경쟁 상대의 약점을 공략해 그곳을 집중적으로 파고드는 것이 중요하다고 지적합니다. 자신이 약하더라도 경쟁자가 더 약한 부분에서 승부를 보면 되는 것이죠.

물론 직장에서 동료를 경쟁자로 삼아 이길 필요는 없습니다. 그보다는 서로 보완하는 의미에서 '동료의 약점을 채워 함께 성과를 낸다'라는 발상으로 전환하면 됩니다.

'상대'뿐만 아니라, 자신 주변에 있는 '경쟁자'에게도 관심을 가지고, 그들의 '강점'과 '약점'을 항상 자신의 언어로 정리해두시기를 바랍니다.

특히 현 시점에서 '자신에게 뚜렷한 강점이 없다'라고 느끼는 사람일수록, 상대 축만큼 경쟁자 축에 대해서도 시간을 들여 천천히 조사하는 것이 중요합니다.

상황에 맞춰 대응하는 능력이 뛰어난 서포터형의 사람들은 자신의 강점을 찾는 것보다는 경쟁자의 약점을 더 쉽게 발견할 수 있을 것입니다. 그런 약점을 바탕으로 자신만의 입지를 만들어나가면 됩니다.

4 자기 축이란 무엇일까?

자기 축이란 한마디로 '여러분 자신'입니다. 이것은 여러분이 지금까지의 인생 경험 속에서 쌓아온 것이며, 자신이 자각하고 있는 기존의 강점이나 약점을 예로 들 수 있습니다.

흔히 말하는 '자기 분석'이나 '자기 이해'라는 것은 이 자기 축을 정리하는 것입니다. 하지만 '진정한 강점'을 만들기 위해서는 자기 축의 내용은 그다지 중요하지 않습니다. 상대 축, 경쟁자 축과 비교하면 자기 축의 중요성은 상대적으로 낮습니다.

"자신에 대해 써보세요"라고 하면, 많은 사람들이 펜을 멈추고 생각에 빠지고는 합니다. 결국, 사람은 자기 자신을 잘 모릅니다. 이것은 마치 스스로 자신의 눈썹을 보는 것과 같아서 자신을 객관적으로 파악하는 것은 매우 어렵습니다.

따라서 '강점 혁명 템플릿'은 상대 축과 경쟁자 축을 먼저 정리해 어느 정도 목표 지점을 설정한 후, 마지막으로 자기 축을 결합하는 순서로 구성되어 있습니다.

자기 축으로 흔히 거론되는 요소는 자신의 '강점'이나 '약점'입니다. 저는 일반적으로 강점이나 약점이라고 불리는 것을 '특징'이라고 정의합니다.

특징은 '진정한 강점'이 될 수 있는 재료 중 한 가지에 불과합니다. 상대가 필요로 하고, 경쟁자가 하지 않는 이 조건에 부합하는 자신만의 특징이 있다면 그것을 활용하면 됩니다. 그래서 저는 자기 축을 '패(牌)'라고 생각하고 있습니다. 상황에 맞춰 적절히 내면 되는 것이지요.

자신이 잘한다고 생각하는 것뿐만 아니라 잘하지 못하는 것도 어디까지나 특징 중 하나입니다.

즉, 자신은 약점이라고 생각해도 상대에게 제공해보기 전까지는 그것이 정말 약점인지는 단정할 수 없습니다. 당신의 강점이나 약점 같은 특징이 가치를 가질지는 상대 축이나 경쟁자 축의 동향에 따라 달라집니다. 비록 자신이 '강점'이라고 생각하지 못하는 사소한 것이라도 상대가 필요로 하고, 경쟁자가 제공하지 않는다면 가치를 줄 가능성이 충분합니다.

실제로 대부분의 약점은 강점과 표리일체(表裏一體, 안팎이 한 덩어리가 된다는 뜻으로, 2가지 사물의 관계가 밀접하게 됨을 이르는 말)의 관계에 있습니다. 예를 들어 '걱정이 많은 사람'은 '사물을 철저하게 조사하고 확인할 수 있는 사람'으로 바꿔 말할 수 있습니다.

저희 회사에서 경리를 담당하고 있는 M 씨가 바로 이 유형에 해당합니다.

M 씨는 걱정이 많아 계산해서 나온 숫자를 여러 번 확인해야 안심

하는 성격의 소유자입니다. 반대로 저는 숫자를 한 번만 확인하기 때문에 계산 실수를 자주 놓칩니다. 그래서 일할 때 이따금 M 씨에게 계산 실수를 지적받고는 하지요. 지적받을 때마다 '어떻게 이렇게 세세한 부분까지 발견하는 거지? 천재 아니야?'라며 진심으로 감사해하고 있습니다.

하지만 M 씨는 걱정 많은 자신의 성격을 '약점'으로 인식하고, 그 때문에 일이 느려지고 있다고 느끼는 것 같습니다. 저로서는 그 걱정 많은 성격을 발휘해주지 않으면 곤란한데 말이지요. 솔직히 말해 M 씨는 저희 회사에 없어서는 안 될 존재입니다.

따라서 강점과 약점을 자기 멋대로 결정하는 것은 자기중심적으로 생각하고 있다는 의미일 수 있습니다. 상대 중심적 관점을 익히기만 해도, 약점이라고 생각했던 특징이 강력한 '패'가 될 수 있는 것입니다.

참고로, 더 자세히 말하자면 일반적으로 '약점'이라고 불리는 것은 크게 '특성의 약점'과 '기술의 약점'으로 나눌 수 있습니다.

앞서 말한 '걱정이 많은 성격' 등은 특성의 약점으로, 그대로 강점으로 전환될 가능성이 있습니다.

반면, 기술의 약점은 개선하기 위해 노력해야 합니다. 예를 들어, '파워포인트를 전혀 다루지 못한다'라는 것이 약점이라면, 파워포인트를 다루기 위한 노력이 반드시 필요합니다.

일반적으로 '파워포인트를 다루지 못하는' 수준의 사람이 파워포인트를 강점으로 삼는 것은 상식적으로 맞지 않는 일입니다. 그런데 상대방이 자신보다 더 서툴러서 어려움을 겪고 있을 가능성도 있습니다. 그런 경우, '나도 서툴러서 못 한다'라고 도망가지 않고, 조금이라도 도움이 될 수 있도록 노력하면 좋은 평가도, 성장도 기대해볼 수 있습니다. 여러분이 잘하지 못하는 일이거나, 해본 적이 없는 일이라도 상대 중심적 관점을 마스터하면 가치를 제공할 수 있습니다. 지금 잘하지 못한다고 생각하는 일이라도 상대방에게 도움이 될 수 있다면 시도해보시기 바랍니다.

앞서 말했듯이 '강점'을 자기 축에서부터 생각하기 시작하면 '강점의 수렁'에 빠지게 됩니다. 상대방이 필요로 하고, 경쟁자가 하지 않는 일에 대해, 마지막으로 자기 축을 살짝 결합하는 방식으로 사고를 전환해보시기 바랍니다.

5 '진정한 강점' 만들기

지금까지 설명한 3가지 축을 합쳐서 '진정한 강점'을 만들어봅시다.

'강점 혁명 템플릿'은 목표를 달성하기 위해 '상대가 필요로 하고, 경쟁자가 하지 않으며, 자신이 할 수 있는 것'을 도출해내는 프레임워크입니다.

전통적인 강점을 찾는 방식과는 다르게 느껴질 것입니다.

기존의 강점을 찾는 방식은 주로 자신이 할 수 있는 일이나, 잘하는 것을 떠올리는 데에 초점이 맞춰져 있었습니다. 이 책의 말로 표현하면, '자기 축'만 파고들어 강점을 찾아내고 있었던 것입니다.

하지만, 스스로 '강점'이라고 생각하는 것을 발견했더라도 상대에게 선택받지 않으면 의미가 없습니다. 상대의 입장에서는 특별히 필요하지 않은 것을 '이것이 저의 강점입니다!'라고 당당히 제시한들, '그래서 뭐? 어쩌라고?'라는 반응이 나올 것입니다.

실제로, 저희 회사에 면접을 보러 온 사람 중에 갑자기 "저의 강점은 ○○입니다"라고 어필하던 지원자가 있었습니다. 당시 저는 '그렇게 자기 관점에서 이것저것 말하는 것보다는 대화를 통해 정보를 수집하고, 최종적으로 강점을 말했으면 좋았을 텐데'라는 생각이 들었습니다.

반대로 "귀사의 비전과 현재의 과제에서 저는 이런 방식으로 도움이 될 수 있습니다"라고 답변한다면, '오, 우리 회사에 대해 잘 파악하고 있고 시야도 넓구나'라는 생각이 들며, 함께 일하고 싶은 사람이라고 느껴질 것입니다.

어쨌든 자기중심적 관점에서 강점을 생각하는 것은 시간 낭비입니다. 오직 카리스마형만이 자기중심적 관점에서 강점을 발휘할 수 있습니다. 대다수를 차지하는 서포터형은 상대의 요구에 적절히 대응해 성과를 낼 수 있습니다.

비즈니스 세계에서는 상대를 얼마나 만족시키느냐에 따라 평가가 달라집니다. 상대의 니즈는 상황에 따라 급격하게 변하고, 자신이 상대에게 제공할 수 있는 가치도 경우에 따라 달라질 수 있습니다.

중요한 것은 상대가 필요로 하는 것을 예측하고, 경쟁자와는 다른 접근 방식으로 가치를 제공하는 것입니다. '자기 축' 중심주의에서 '상대 축 × 경쟁자 축' 중심주의로 사고의 대전환이 필요합니다.

'강점 혁명 템플릿'을 활용하면 누구든지 진정한 강점을 찾을 수 있으며, 비즈니스 측면에서도 확실하게 성과를 낼 수 있습니다.

3가지 축을 동시에 파악하는 것은
불가능하다

상대 축, 경쟁자 축, 자기 축을 정리하고 그 정보를 통합하면 강점을 만들어낼 수 있습니다. 하지만 처음부터 '진정한 강점'을 찾으려고 하면 어려움을 느낄 가능성이 높습니다. 3가지 축을 동시에 파악하기 위해서는 깊은 경험과 더 높은 관점이 필요하기 때문입니다.

높은 관점에서 바라보는 것을 심리학 등에서는 '메타인지'라고 합니다. '메타(meta)'는 '고차원의'라는 의미로, 자신을 객관적으로 인지하는 것을 뜻합니다.

저는 독자 여러분들이 가능하면 더 높은 관점을 갖추기를 바랍니다. 3가지 축을 동시에 바라볼 수 있는 관점을 갖게 된다면 어떠한 환경에서도 '상대가 필요로 하고, 주변에서 하지 않으며, 자신이 할 수 있는 것'을 찾아 실행할 수 있습니다. 이것이 최강의 비즈니스 기술입니다.

20대, 30대에 3가지 축을 파악할 수 있는 높은 관점을 갖춘다면,

이후에는 어떠한 환경에서 일하더라도 성공할 수 있을 것이라고 자신 있게 말할 수 있습니다.

하지만 아쉽게도, 3가지 축을 높은 관점에서 바라볼 수 있는 메타인지는 바로 익힐 수 있는 것이 아닙니다.

그래서 단계적으로 '진정한 강점'을 만들어나가는 것이 중요합니다.

처음에는 상대 축과 경쟁자 축을 통해 '상대가 필요로 하고, 경쟁자들이 하지 않는 것'을 찾아냅니다. 그 정보에 자기 축을 더해 진정한 강점을 키워나가는 것입니다.

강점은 갑자기 생겨나는 것이 아니라, 한 가지 한 가지씩 요소를 결합해 조금씩 만들어가는 것입니다.

요리에 비유하자면, 재료를 한꺼번에 넣으면 제대로 맛을 내기 어렵지만, 순서를 지켜서 만들면 맛있어지는 것과 같습니다.

'강점 혁명 템플릿'을 사용하면 단계적으로 차근차근 진정한 강점을 만들어낼 수 있습니다. '진정한 강점'을 키우고 그 행동을 반복함으로써 자연스럽게 높은 관점에서 자신의 능력을 파악할 수 있게 될 것입니다.

이 과정에 익숙해지면, 별다른 노력 없이도 빠르게 '진정한 강점'을 찾아내 가치를 제공하고, 선택받는 사람이 될 수 있습니다.

재료를 한 번에 넣어서는 안 된다

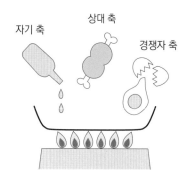

자기 축

상대 축

경쟁자 축

한 가지 한 가지씩
요소를 결합하는 것이 중요하다

1 상대 축

2 경쟁자 축

3 자기 축

자, 활동을
해보자!

'강점 혁명 템플릿'의 흐름에 대해 대략적으로 이해하셨을까요?

다음 제3장에서는 본격적으로 진정한 강점을 찾는 활동을 시작하려고 합니다.

여기서, 활동지(워크시트)를 작성할 때 주의해야 할 점을 짚어보겠습니다.

활동을 하다 보면, 익숙하지 않은 사람들은 좀처럼 쉽게 단어가 떠오르지 않을 수도 있습니다. 이로 인해 점점 불안해지는 사람도 있을 것입니다. 하지만 처음부터 활동지 내용을 술술 써내려가지 못해도 괜찮습니다.

자신의 생각을 말과 글로 표현하는 데는 어느 정도 훈련이 필요합니다. 그러니 처음에는 연습이라고 생각하고 도전해보세요.

일단, 무엇이든 좋으니 머릿속에 떠오르는 것들을 적어보세요. 완벽한 문장이 아니어도 좋습니다. 단어 하나만 떠올라도, '이건 좀 아닌 것 같은데'라는 생각이 들더라도 상관없습니다.

무엇이든 시작할 때가 가장 어려운 법입니다. 일단 한 글자라도 써보면, 그다음 말이 자연스럽게 이어질 수 있습니다. 사소한 단어 하나가 생각나는 것을 시작으로, 관련된 기억이 점차 떠오를 가능성도 있습니다. 시작이라는 장벽만 넘어서면 점점 더 쓸 말이 생각날 것입니다.

활동지에 무엇인가를 쓰는 것이 너무 어려운 사람은 친구나 동료에게 인터뷰를 부탁하는 방법도 괜찮습니다.

평소에 친구나 동료와 잡담을 나누다가 구체적인 질문을 받으면, 번뜩 답이 떠오를 때가 있습니다. 친구나 동료와 함께 활동을 진행해보는 것도 흥미롭지 않을까요?

또한 나중에 '진정한 강점'을 검증할 때, 이 책의 활동지에 세세하게 기록해둔 정보가 큰 도움이 될 것입니다.

기록을 남겨두면 수정할 포인트를 찾을 때 매우 유용합니다. 예를 들어, '경쟁자 축에 대한 조사가 부족했구나', '상대 축에서 필요로 하는 것이 달랐구나' 등 세부적인 부분을 알아차릴 수 있습니다. 이를 통해 초기에 정리한 '진정한 강점'을 보완하고 수정할 수 있습니다. 수정된 가설을 바탕으로 검증을 반복하다 보면, 가설의 정확도가 점점 높아지게 되는 것이지요.

　중요한 것은, 써보겠다고 결심하고 실행에 옮기는 것입니다. 활동지에 적은 내용은 어디까지나 가설에 불과합니다. '모든 것은 테스트'입니다. 진정한 강점을 찾아 실제 행동으로 옮겨 봅시다. 만약 가설이 틀렸다면, 다시 몇 번이고 '진정한 강점'을 새롭게 만들어가면 됩니다.

제3장

'진정한 강점'을
만들어내는 활동

1단계

목표 설정하기

이번 장에서는 '진정한 강점'을 만들기 위한 방법을 더 자세히 설명하고, 이를 위해 작성해야 하는 활동지(워크시트)에 대해 소개하고자 합니다. 이 활동은 시간을 들여 반드시 작성해보세요. 여러분의 가치를 극대화하고, 선택받는 사람이 될 수 있도록 도와줄 것입니다.

1단계는 '목표 설정하기'입니다. 진정한 강점을 만들기 위해서는 목적의식이 중요합니다. 무엇을 위해 진정한 강점을 만드는가? 목표가 명확하지 않으면, 누구에게 어떤 가치를 제공해 목적을 달성할지 정할 수 없습니다. 목표 설정은 출발점인 동시에 매우 중요한 포인트입니다.

1단계 : 목표 설정하기
2단계 : 상대 축 정리하기
3단계 : 경쟁자 축 정리하기
4단계 : 자기 축 정리하기
5단계 : '진정한 강점' 만들기

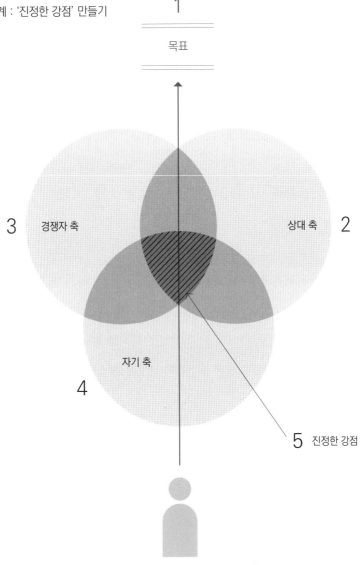

활동
1-1

이상과 현실
파악하기

이 활동은 현재 목표 설정이 명확하지 않은 경우에 해보시면 도움이 될 것입니다. 목적의식이 뚜렷하고, 되고 싶은 자신의 모습과 그 기한이 확실하게 정해진 분은 99페이지의 활동 1-2부터 시작하시기 바랍니다. 차근차근 한 단계씩 나아가고 싶거나, 진정한 강점을 무엇을 위해 활용할지 그 목적을 분명히 하고 싶은 분은 이 활동부터 시작하는 것이 좋습니다.

① 일에 대한 고민을 종이에 적어본다

먼저, 현재 하고 있는 일에서 느끼는 고민을 적어보시기 바랍니다. 목표를 정하는데 왜 고민부터 적기 시작하느냐고요? 목표는 고민을 반전시켜 찾을 수 있기 때문입니다.

'목표는 '어떻게 되고 싶은지'를 말로 표현하면 그만이니, 간단하지 않을까?'라고 생각하실 수도 있겠지요. 하지만 제가 지금까지 고객들을 지원해온 경험을 되돌아보면, 의외로 목표를 명확히 하는 데 어려움을 겪는 사람들이 많았습니다.

'목표를 생각해보세요'라고 했을 때 바로 말할 수 있는 사람은, 애초에 목표를 설정하고 달성하는 과정에 익숙한 사람들입니다. 항상 '어떻게 되고 싶은지?'를 염두에 두고 행동하는 사람들이지요. 이 과정이 익숙하지 않은 분들은 다음과 같이 생각해보시기 바랍니다.

먼저, 부정적인 상태를 말로 표현해봅시다.

'어떻게 되고 싶은지'는 잘 떠오르지 않더라도, '지금 상태가 좋지 않다, 어떻게든 해야만 한다'라는 고민은 비교적 쉽게 생각해낼 수 있습니다.

사람은 긍정적인 사건이나 정보보다 부정적인 사건이나 정보에 더 주의를 기울이고, 더 쉽게 기억하는 특성이 있습니다. 이것을 '네거티비티 바이어스(negativity bias, 부정성 편향)'라고 부르는데, 이는 인간의 정상적인 본능입니다.

활동 1-1에서는 고민을 보다 쉽게 정리할 수 있도록 '인간관계',

'돈', '시간', '보람', '기타' 등의 카테고리로 구분했습니다. 작성할 수 있는 부분부터 채워나가면 됩니다. 모든 카테고리를 작성하지 않아도 괜찮습니다.

'고민'이라는 단어가 다소 모호할 수 있으니, '싫은 것', '피하고 싶은 것', '지루한 것' 등으로 조금씩 나눠 생각해보면 더 쉽게 적을 수 있을 것입니다.

고민은 하나일 수도 있고, 여러 개일 수도 있습니다. 가능한 한 많이 적어보시기 바랍니다.

2 이상적인 상태를 적어본다

현재의 고민을 반전시켜 이상적인 상태를 적어봅시다. 할 수 있는지 없는지를 따지지 말고, 일단 생각나는 대로 이상적인 모습을 써내려가 보는 것이 중요합니다. 먼저 아이디어를 많이 적어본 후, 차차 명확하게 다듬으면 됩니다.

현재의 고민 → 이상적인 상태
• 야근만 잔뜩 해서 자유 시간이 없다.
  → 정시에 퇴근할 수 있고, 개인적인 시간도 충실하게 보낼 수 있다.

- 내가 잘 못하는 것을 후배에게 물어보는 것이 부담스럽다.

  → 자신감을 갖고 후배를 대할 수 있다.

- 회사에 도움이 되고 있다는 생각이 들지 않고, 소속감 또한 느끼지 못한다.

  → 내가 잘하는 나만의 무기가 있어, 회사에 기여하고 있다는 생각이 든다.

- 주변에 뛰어난 선배들만 있어서 위축된다.

  → 선배들과 똑같이 활약한다.

- 무보수 야근만 계속할 뿐, 급여가 오르지 않는다.

  → 무보수 야근이 사라지고, 일한 만큼 확실하게 급여를 받을 수 있다.

- 상사의 지시가 모호해서 수정이 많고 시간이 걸린다.

  → 상사와의 소통이 개선되어, 수정 없이 업무가 순조롭게 진행된다.

3 가슴이 두근거리는 이상적인 상태를 최대 3개까지 고른다

마지막은 간단합니다. 작성한 이상적인 상태 중에서 가슴 설레는 것에 동그라미를 쳐봅시다.

개수는 최대 3개까지로 좁히면 됩니다. 선택한 항목은 다음 활동에서 활용할 예정입니다.

활동 1-1 이상과 현실을 파악하자

	현재 상황에 대한 고민 ←——→ 이상적인 상태	
인간관계		
돈		
시간		
보람		
기타		

	현재 상황에 대한 고민 ← →	이상적인 상태
인간관계	• 의지할 선배가 없어서 자신의 힘으로 전부 해내야만 한다는 부담감 • 사내 팀 간 분위기가 좋지 않아 협력이 잘 이뤄지지 않는다.	• 의지할 선배가 있다. • 팀 내에서 문제를 해결할 수 있는 체제가 갖춰져 있다.
돈	• 야근을 너무 많이 한 나머지 돈을 쓸 시간이 없다.	• 야근 시간을 조절할 수 있다. • 돈을 쓸 시간이 있다.
시간	• 너무 바빠서 집에 못 들어가는 날도 있다. • 회사 업무 이외에 영어 등을 배우고 싶어도 시간을 낼 수가 없다.	선택 • 업무 시간을 조절할 수 있다. • 회사 업무 외에도 자기계발 활동 시간을 가질 수 있다.
보람	• 성과와 상관없는 잡다한 일들이 많다. • 상사나 동료가 일 때문에 의지하는 경우가 적다.	• 성과와 직결되는 일에 집중할 수 있다. 선택 • 상사나 동료, 부하로부터 인정받고 있다. • 어디에 가서도 일할 수 있는 실력을 지니고 있다.
기타	• 프로그래밍 기술이 없어서 제작에 참여할 수 없다. • 납기가 지연되고 있는데 고객의 변경 요청이 많아서 매일매일 작업이 점점 늘어나고 있다.	• 기술을 보유해 그 기술로 팀에 기여할 수 있다. • 납기일을 맞춘다. • 고객의 변경 요청 빈도가 적다.

성장 이미지
역으로 계획하기

활동 1-1에서 작성한 이상적인 상태는 다소 추상적이고 대략적인 수준일 것입니다. 이번 활동에서는 '이상적인 상태'를 구체화해봅시다.

많이 들어보셨겠지만 목표는 가능한 한 명확하게 설정할수록 결과로 이어지기 쉽습니다. 이를 위해 '기한'이라는 요소를 활용하는 것이 중요합니다.

여기서는 먼저 1년 후의 이미지를 작성한 다음, 6개월 후 → 3개월 후로 기간을 점점 줄여가면서 성장 이미지를 구체화합니다. 포인트는 비교적 상상하기 쉬우면서도 조금 먼 미래인 '1년 후'부터 거꾸로 생각해보는 것입니다. '1년 후, 자신이 목표로 한 이상적인 상태가 되기 위해서는 무엇을 달성해야 할까?' 이것을 구체적인 언어로 작성하는 것이 중요합니다.

가장 먼 시점이 왜 1년 후인지 궁금하지 않으신가요? 바로 오늘날은 3년 후, 5년 후, 10년 후를 상상하기 어려운 시대이기 때문입니다. 장기적인 목표를 설정하더라도 환경의 변화로 인해 그 목표가 무의미해질 우려가 있습니다. 참고로 6개월 후, 3개월 후라는 시점은 회사의 실적을 되돌아보는 주기에 맞춰 설정된 것입니다.

따라서 먼저 97페이지의 '이상적인 상태'에서 선택한 항목을 바탕으로, 성장 이미지를 미래에서 현재로 거슬러 생각해보도록 합시다.

활동 1-2 이상적인 상태를 적어보자

당신이 선택한 이상적인 미래를 적어봅시다.

(   )
(   )
(   )

이상적인 상태가 되기 위한 성장 이미지를 자세하게 적어봅시다.

	이상적인 상태
1년 후	
6개월 후	
3개월 후	

당신이 선택한 이상적인 미래를 적어봅시다.

(일하는 시간을 조절할 수 있다.   )

(상사나 부하, 동료에게서 인정받고 있다.   )

(   )

이상적인 상태가 되기 위한 성장 이미지를 자세하게 적어봅시다.

	이상적인 상태
1년 후	• 납기일에 늦지 않게 납품할 수 있다. • 일과 사생활을 균형 있게 유지할 수 있다. • 회사 내에서 믿음직스러운 인재라는 평가를 받고 있다. • 성과급에서 A등급을 받아 수입이 증가한다.
6개월 후	• 납기 지연을 만회하기 위한 계획을 세웠다. • 야근 시간이 지금의 절반으로 줄어들었다. • 이번 주는 주말 출근이 없을 것이라는 안도감을 매주 느끼고 있다. • 부하 직원이 자신에게 의지하는 상황이 조금씩 늘어나고 있다. • 다른 부서의 리더에게 정보를 공유받고 있다.
3개월 후	• 납기가 지연되고 있지만, 더 이상 늦어지지 않는 수준이 됐다. • 주 1회는 정시에 퇴근할 수 있다. • 업무에 대해 '이 정도면 팀에 도움이 될 수 있겠다!'라는 포인트가 보이기 시작했다. • 팀원이 고민 상담을 요청하는 횟수가 늘어났다. • 다른 부서의 리더에게 상담하러 갈 수 있다.

목표
설정하기

3개월 후, 6개월 후, 1년 후의 성장 이미지를 그려봤다면, 각각의 단계에서 지향하는 목표의 이미지를 더욱 구체화해야 합니다. 이 단계에서는 어느 산에, 언제까지 오를 것인지를 생각해봅시다.

1 목표 기간을 설정한다

활동 1-2를 바탕으로, '어느 정도 기간 안에, 어떤 결과를 내고 싶은지'를 정리해봅니다.

먼저 '3개월 후', '6개월 후', '1년 후'라는 기간 중에서, 이번에는 어느 기간을 목표로 삼을지를 결정합니다.

여기서 포인트는 반드시 '1년 후'를 선택할 필요는 없다는 것입니다.

3개월 후를 선택하더라도, 이 기간은 여러분이 진정한 강점을 발휘해 주변에 변화를 일으키기에 충분한 시간입니다(목표의 내용이나 여러분이 쌓아온 경험에 따라, 충분한 기간인지는 달라질 수 있습니다). 무엇보다도, 단기적인 변화는 더 쉽게 상상할 수 있기 때문에 동기부여로도 이어질 수 있습니다. 일단, 여러분이 지금 가장 집중하고 싶고, 가슴을 두근거리게 만드는 기간과 이상적인 상황을 선택하시기 바랍니다.

이때 목표를 단기로 설정할지, 장기로 설정할지에 따라 '진정한 강점'을 발전시키는 접근 방식도 달라집니다.

예를 들어 '3개월 후에 A사로 이직한다'라는 목표를 세운 경우, 철저하게 상대 축과 경쟁자 축을 조사한 후 현시점에 본인이 갖춘 무기로 승부를 보게 됩니다.

이에 반해, 목표가 '1년 후에 직장 내에서 최고의 평가를 받는다'일 경우, 강점을 개선해나갈 시간이 충분이 있습니다. 부족한 강점을 키우거나 만들어가는 것도 가능하지요.

목표까지 걸리는 기간이 길어질수록 가설을 검증할 기회가 많아지고, '진정한 강점'을 개선할 수 있다는 이점도 있습니다. 나중에 설명하겠지만, '진정한 강점'은 한 번 찾고 끝내는 것이 아닙니다.

2 '기간' 이외의 것들을 수치화해 생각한다

상세하게 목표를 설정하면 목표 달성 정도를 파악하기도 쉽고, 목표한 것을 행동으로 옮기기도 용이합니다.

만약 여러분이 영업 실적을 높이고 싶거나 프리랜서가 되어 돈을 벌고 싶다면, 목표를 수치화하는 것은 어렵지 않습니다. 하지만 목표 중에는 주관적이고 모호한 것들도 존재합니다. 예를 들어, '인기를 얻고 싶다, 승진하고 싶다, 직장에서 자신만의 자리를 찾고 싶다, 인간관계에서 스트레스를 줄이고 싶다…' 등 이러한 욕구는 모호한 목표로 이어지기 쉽습니다.

따라서 주관적인 목표들도 가능한 한 수치화할 수 있는지 검토해 봅시다. '모든 것은 테스트'이니 완벽하지 않아도 괜찮습니다. 자신과 마주하며 진정한 강점을 찾아내는 과정을 즐겨봅시다.

예를 들어,

• 야근을 줄이고 싶다.

  → 야근을 월 10시간 이내로 줄인다.

• 불편한 상사 때문에 생기는 불필요한 스트레스를 줄이고 싶다.

→ 일을 잘하는 사람이라는 인식을 심어 업무 내용 확인에 드는 시간을 50% 줄인다.

· 승진하고 싶다.

→ 성과급 평가에서 A등급을 받는다.

· 직장에서 나만의 자리를 찾고 싶다.

→ 가치를 제공할 수 있을 만한 특기 분야를 3가지 찾는다.

이처럼 기간 이외의 것들도 수치화해서 생각할 수 있습니다.

③ 목표를 구체적인 언어로 표현한다

이제는 어떤 산을 오르고 싶은지 확실하게 언어로 표현해봅시다. 스스로 쉽게 받아들일 수 있는 목표인지, 이 산에 오르고 싶다는 도전할 마음이 생기는지 확인하기 위해 **목표를 소리 내어 읽어보시기 바랍니다.**

저는 이것을 '음 촉감'이라고 부르는데, 제가 임의로 만든 말이지만, 목표를 소리 내어 말해보면 나에게 맞는지 안 맞는지 파악할 수 있습니다.

목소리를 내서 그 소리의 감촉을 느껴봅시다. 말이 매끄럽지 않고 막힌 느낌이 난다면 더 발음하기 쉬운 말로 바꿔보세요. 그런 다음 여러 번 소리 내어 읽어보세요.

자연스럽게 발음할 수 있다면 여러분은 그 방향으로 나아갈 수 있을 것입니다. 그리고 이 목표를 달성하기 위해 필요한 '진정한 강점'을 발견하고, 활용할 수 있을 것입니다.

활동 1-3 **목표를 구체적인 언어로 표현해보자**

> 저는,
>
> (기간) : _____ (O월까지, O개월 안에 등),
>
> (어떤 것) : _____
>
> _____
>
> 것을 목표로 삼겠습니다.
>
> 이 목표를 달성하기 위해 '강점 혁명 템플릿'을 활용해 '진정한 강점'을 만들어내겠습니다.

예시

> 저는,
>
> (기간) : 1개월 안에 _____ (O월까지, O개월 안에 등),
>
> (어떤 것) : 상사, 동료, 부하에게 의지가 되는 사람이 되고, 야근 시간을 월 45시간까지 줄이며, 성과급에서 A등급을 받는
>
> 것을 목표로 삼겠습니다.
>
> 이 목표를 달성하기 위해 '강점 혁명 템플릿'을 활용해 '진정한 강점'을 만들어내겠습니다.

포인트

목표 설정
꿀팁

여기서는 목표를 설정할 때 신경 써야 하는 포인트에 대해 설명하겠습니다.

다음의 3가지 포인트를 확실히 할 수 있는지 확인해보시기 바랍니다.

1 결과를 목표로 삼는다

목표를 설정하는 요령은 '결과'를 목표로 설정하는 것입니다. 결과는 혼자만의 노력으로는 달성할 수 없습니다. 누군가에게 가치를 제공해야 비로소 결과를 얻을 수 있기 때문이지요.

'행동(가치 제공) → 결과'라는 인과 관계가 있으므로, 원하는 결과를 얻기 위해 결과를 목표로 설정해 진정한 강점을 키워갈 필요가 있습니다. 따라서 자신의 행동과 그로부터 발생하는 결과를 명확하게 구분하는 것이 필요합니다.

애초에 목표에도 종류가 있는데, '행동 목표'와 '결과 목표'로 나눌 수 있습니다.

등산을 예로 들어봅시다. '등산을 한다'는 행동 목표이며, '○○산 정상에서 일출을 본다'는 결과 목표입니다. 행동함으로써 결과가 생기기 때문에 행동 목표와 결과 목표는 서로 연결되어 있지요. 하지만 이 둘은 어디까지나 별개입니다.

'등산을 한다'라는 목표를 세웠다 하더라도, 어떤 산에 오르면 좋을 지는 정해지지 않은 것과 마찬가지로, '최종적으로 어떻게 되고 싶은 지'라는 결과 목표를 생각하지 않은 채, 행동 목표를 설정하면 최종 목표에 도달하기 어렵습니다.

여러분이 나아갈 방향을 결정하는 데 있어 중요한 것은 결과입니다.
결과를 얻기 위해서는 행동해야 합니다.
예를 들어 '해외에서 일한다'라는 결과 목표를 위해 '영어를 배운다'라는 행동 목표를 설정하는 것은 이해가 됩니다. 하지만 단순히 '영어를 배운다'만으로는 궁극적으로 무엇을 목표로 하는지가 불분명

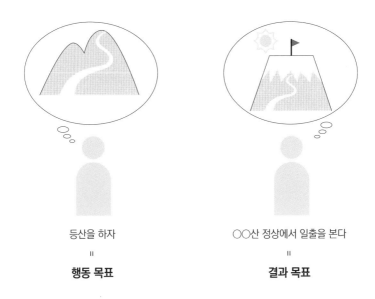

등산을 하자   ○○산 정상에서 일출을 본다

‖   ‖

행동 목표   **결과 목표**

합니다. 이렇게 명확하지 않은 목표를 세우면, 결과 목표를 달성하기 어렵습니다.

진정한 강점을 찾기 위해서는 반드시 결과 목표를 설정해야 합니다. 결과 목표를 최종 목표로 삼으면, '진정한 강점'을 보다 수월하게 찾을 수 있습니다.

'최종적인 목표를 설정하고, 그 목표를 향해 나아가기 위해 필요한 진정한 강점을 찾는다'라는 순서를 잊지 마시기 바랍니다.

취업이나 이직에 성공하기를 바라는 사람은 결과 목표를 설정하는 것이 어렵지 않을 것입니다. '○○사에 입사한다'라는 최종 목표가 명확하기 때문이지요.

물론 이직 희망자 중에는 막연히 '이직에 성공한다'라는 것을 목표로 삼는 사람도 있을 것입니다. 하지만 그것보다는 구체적으로 어떤 회사에 입사하고 싶은지 목표를 명확하게 설정해야 합니다. 결과 목표가 구체적일수록, 이후에 상대 축을 더 정확히 조사할 수 있고, 가설이 명확해져 좋은 결과로 이어질 가능성이 높아지기 때문입니다. 행동 목표가 아닌, 결과 목표를 목표로 삼는다는 이 포인트를 꼭 기억하시기 바랍니다.

2 상대가 있어야지만 달성할 수 있는 목표를 설정한다

'진정한 강점'을 키우기 위해서는, 아무리 결과 목표라 해도 혼자서 해낼 수 있는 목표는 피하는 것이 좋습니다. '토익 점수를 ○○점까지 올린다'와 같은 것이 대표적인 예입니다.

결과 목표는 '혼자서 실현할 수 있는 것'과 '상대가 관여함으로써 실현할 수 있는 것'으로 나눌 수 있습니다.

'토익 점수를 올린다'처럼 자신의 노력으로 실현 가능한 결과 목표는 시험 합격이나 자격증 취득 등 일부 분야에만 한정됩니다.

이에 반해 취업이나 이직, 직장에서의 평가는 모두 다른 사람이 하는 것이며, 상대가 관여해야만 이룰 수 있는 결과입니다.

게다가 토익 점수가 올랐을 경우에도, 그 능력을 활용하려면 결국 다른 사람의 평가를 받아야 합니다.

좋은 평가를 받기 위해서는 '상대에게 어떻게 영향을 미칠 것인가'라는 관점이 반드시 필요합니다. 당신이 누군가에게 독자적인 가치를 제공할 수 있어야 그것이 '진정한 강점'이 된다는 뜻입니다.

목표를 설정할 때 상대방이 없어도 되는 목표만 떠오른다면, 시야를 넓혀 보시기 바랍니다. 그리고 성과는 상대방이 가져다주는 것이라는 관점에서 목표를 다시 세워보는 것을 추천합니다.

③ 목표는 몇 번이고 다시 설정할 수 있다

'목표'라는 말을 들으면 무슨 느낌이 떠오르시나요? 다소 거창하게 느껴지는 분들도 계실 것입니다. 하지만 조금 더 가볍게 생각해보셨으면 합니다.

목표는 언제든지, 몇 번이고 다시 설정할 수 있습니다. 한 가지 목표만 정해야 한다는 규칙도 없습니다. 인간관계에 관한 목표, 금전적인 목표, 보람에 대한 목표 등 각 요소에 따라 목표를 따로 설정해도 괜찮습니다.

하지만 각각의 목표에 따라 필요한 '진정한 강점'은 다릅니다. 따라서 상대 축, 경쟁자 축, 자기 축은 각각의 목표에 맞게 설정할 필요가 있습니다.

또한, 최종적인 목표를 달성하지 못했다고 해서 괴로워할 필요는 없습니다. 꾸준히 작은 성과를 쌓는 과정을 즐기다 보면, 무리하지 않는 선에서 노력하며 성장할 수 있습니다.

저는 '사람들 앞에서 목표를 선언하고 달성하는', 이른바 유언실행(有言實行, 말한 것은 반드시 실행한다는 뜻) 형 인간이 아닙니다. 사실 유언실행이라는 말이 조금 불편합니다. 보통 결과를 의식하다 보면 압박감이 생겨, 즐겁게 일하기 어려워지기 때문입니다.

'목표를 달성하겠다'라고 공언한 뒤에 이를 이루는 사람을 대단하다고 생각합니다.

하지만 제가 목표로 하는 것은 이와는 조금 다릅니다. 원하는 결과가 나와야만 만족하기보다는 목표를 향해 갈 때 여러 번 테스트하고, 시행착오를 겪는 그 과정 자체에 재미를 느끼고 있습니다. 성장을 즐기고 있는 셈이지요.

사실, 인간에게는 2가지 유형이 있습니다.

〈달성형〉

먼 미래를 향해 계획을 세우고 목표를 달성해나간다. 지향하는 목표를 명확히 하면서 그 과정을 세분화하고, 계획을 착실히 실행해나가는 유형

〈전개형〉

미래를 미리 정하지 않고, 행복이나 즐거움 같은 '가치관'을 중요시하면서 실현해나간다. '재미있을 것 같으니 해보자!'라는 식으로 인생의 흐름에 몸을 맡기는 유형

이것을 읽고, 여러분은 자신이 어느 쪽이라고 느끼셨나요? 어느 쪽에 속한다기보다는, 누구나 양쪽의 기질을 조금씩 가지고 있고, 한쪽 비중이 조금 더 크다는 느낌일 것입니다.

목표를 설정함으로써 의욕에 가득 차서 행동할 수 있는 사람은 달성형일 것입니다. 하지만 저처럼 전개형인 사람은 목표에 전념하기보다는 방향을 정해 나아가는 것 자체에서 즐거움을 느낍니다. 산 정상에 오르는 것보다, 등산 자체를 즐기는 유형이지요.

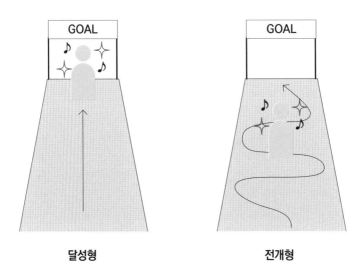

달성형   전개형

전개형인 사람은 목표를 애매하게 설정해 나아가야 할 방향을 제대로 설정하지 못하는 경우가 자주 있습니다. 산을 오르기는 올랐는데, 다른 산에 올라버리는 식이지요. 하지만 어느 유형이든 목표 설정은 나아가야 할 방향을 정하는 데 있어 중요합니다.

제가 중요하게 생각하는 것은 '생각이 행동을 만들고, 행동이 성장을 이루며, 성장하면 결과로 이어진다'라는 흐름입니다.

목표 설정은 한 번 정하고 끝내는 것이 아닙니다. 생각했던 것과는 다르다고 느껴지면 부담 없이 방향을 바꿔도 괜찮습니다. 새로운 목표를 수시로 설정하는 것도 대환영입니다. '모든 것은 테스트'일 뿐이라고 생각하고, '진정한 강점을 만들어가는 과정을 즐기다 보면 목표한 결과로 이어질 것이다'라는 마음가짐으로 임해주셨으면 합니다.

상대 축 정리하기

2단계는 '상대 축 정리하기'입니다. 이 부분은 목표 설정과 마찬가지로 매우 중요한 단계입니다. 왜냐하면, 많은 사람들이 '자기중심적 관점'으로 생각해 강점의 수렁에 빠져 있기 때문입니다. '상대 중심적 관점'으로 사고할 수 있게 되기만 해도, 진정한 강점이 보이기 시작할 것입니다.

'목표를 달성하기 위해 누구에게 어떤 가치를 제공할 것인가?'

이것은 매우 중요한 질문입니다. '누구'가 바뀌면 제공해야 할 가치도, 경쟁자 축도 모두 달라지기 때문입니다. 상대방에 대해 철저하게 파악하는 '상대 중심적 관점'을 익히고, 상대방에게 가치를 제공해 선택받는 사람이 되도록 합시다.

1단계 : 목표 설정하기
2단계 : 상대 축 정리하기
3단계 : 경쟁자 축 정리하기
4단계 : 자기 축 정리하기
5단계 : '진정한 강점' 만들기

1

목표

3 경쟁자 축

상대 축 2

자기 축

4

5 진정한 강점

누구를 상대 축으로 할지
정하기

이번 활동에서는 일단 누구를 상대 축으로 할지 정해보려 합니다.

상대 중심적 관점에 익숙하지 않다면, 단번에 '이 사람'이라고 정하기는 어려울 것입니다.

일단 하나씩 순서에 따라 진행해봅시다.

1 상대 축 후보 명단을
작성한다

목표를 달성하기 위해 누구에게 가치를 제공하면 좋을지 그 후보를 나열해봅시다. 후보는 여러분의 목표에 따라 달라집니다.

예를 들어, 직장에서 높은 평가를 받고 싶다면, 상대 축 후보는 부장이나 과장, 동료 등이 될 수 있습니다.

영업에서 성과를 내고 싶다면, 고객이 포함될 수도 있겠지요.

또한 이직을 목표로 한다면, 면접관이나 이직을 희망하는 회사가 상대 축 후보로 적합할 것입니다.

가설의 정확도를 높이기 위해서 생각나는 후보를 여러 명 나열해봅시다.

2 상대 축 후보 명단을 좁힌다

이번에는 나열한 여러 후보들을 한 사람으로 압축해봅시다. 여기서 여러분이 답해야 할 질문은 다음과 같습니다.

'누구에게 가치를 제공해야 목표에 가장 근접해질까?'

이 질문의 답에 가장 부합하는 사람을 상대 축으로 정하고 동그라미를 쳐봅시다.

상대 축 후보는 여러분의 상황에 따라 달라질 것입니다. 다만 직장에서 일하는 방식을 바꾸거나, 자기 자신에 대한 평가를 높이고자 한다면, 직속 상사를 선택하는 것이 더 나을 것입니다.

그보다 더 큰 시스템을 바꾸고 싶다면 더 높은 직급의 사람을 상대 축으로 설정해야 할 수도 있지만, 직속 상사보다 더 높은 직급의 사람에게 가치를 제공하는 것은 난도가 높고, 현실적으로 어렵습니다.

일단 가까운 상대에게 확실한 가치를 제공할 수 있도록 '진정한 강점'을 찾아가는 것이 현실적입니다.

이직의 경우 실제로 어떤 사람인지도 모르는 면접관을 구체적으로 생각하기는 어렵기 때문에, 이직을 희망하는 '회사' 자체를 상대 축으로 삼는 편이 더 좋습니다.

'누구를 상대 축으로 삼으면 효과적일지?' 그 부분을 확실하게 고민해봅시다.

상대 축을 고르는 포인트

직장에서 성과를 내는 것이 목표일 때 상대를 '상사'로 정하느냐, '고객'으로 정하느냐에 따라 발휘해야 할 강점이 달라집니다. '누구에게 가치를 제공할까?'를 정해야 '진정한 강점'을 키울 수 있습니다. 하지만 사람에 따라 상대 축을 한 사람으로 좁히는 것이 부담스럽고, 어렵게 느껴질 수 있습니다. 목표를 정했지만 가치를 제공하고 싶은 대상이 여러 명 존재해, 쉽게 좁힐 수 없는 경우도 있을 것입니다.

하지만 '누구'를 명확히 정하는 것은 진정한 강점을 만들기 위한 핵심 포인트입니다. 목표 대상을 좁히면 여러분이 상대에게 미칠 수 있는 영향력이 훨씬 커집니다.

예를 들어, 2명의 이성이 있다고 가정해봅시다. 2명 모두에게 무난하게 호감을 사려 한다면 결국 어느 쪽에게도 선택받기 어렵습니다. 특정한 1명의 취향을 철저하게 조사한 후, 그 상대에 맞는 최적의 제안을 해야 비로소 선택받을 수 있는 것입니다.

연애를 예로 들다니 저답지 않지만, 여러분들이 쉽게 이해하실 수 있게 일부러 적어봤습니다. 타깃을 좁히는 기술은 중요하기 때문에 훈련을 통해 향상시켜 나가야 합니다.

진정한 강점 찾기의 고수는 '상사'뿐만 아니라 '내가 속한 팀 전체'에 영향을 미칠 수 있는 발상을 하기도 합니다. 동시에 여러 사람에게 도움이 될 수 있다면 더 뛰어난 성과를 낼 수 있을 것입니다.

상대 축이 바뀌면 여러분이 발휘할 '진정한 강점'도 변하게 됩니다. 즉, 상대 축이 여럿이라면 '진정한 강점'도 여러 개를 준비해야 합니다. 성가신 일이라고 생각될 수 있지만, 업무를 할 때는 당연히 상대에 따라 그에 맞는 확실한 가치를 제공해야 합니다.

어느 회사에서든 성과를 내는 사람들은 자신의 부서뿐만 아니라 다른 부서에도 도움이 됩니다. 여러 사람에게 도움이 되고 싶다면, 각각의 상대에 맞는 '진정한 강점'을 만드시기 바랍니다. 상대 축에 속한 한 사람 한 사람을 각각 따로 생각하는 것이 매우 중요합니다.

물론 여러 사람에게 도움이 된다는 것은 말처럼 쉬운 일이 아닙니다. 하지만 그 수준에 도달하는 것이 이상적이며, 저 역시 여러 사람에게 도움이 되고 싶습니다.

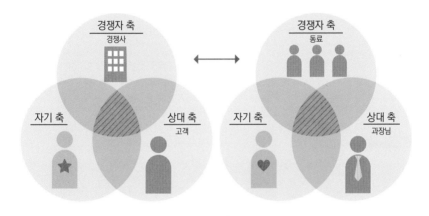

상대 축이 변하면 3가지 축이 전부 다 바뀐다

활동 2-1 상대 축 후보 명단을 작성해보자

상대 축이 될 만한 후보 명단

예시

상대 축이 될 만한 후보 명단
스즈키 과장님 ← ─── 스즈키 과장님으로 결정!
나카야마 부장님
가토 팀장님
마쓰야마 대리님
아오시마 전무님

상대방의 고민거리에 대한
해상도 높이기

상대 축을 '누구'로 할지 정했다면, 이제는 그 상대의 어떤 고민거리에 접근할 것인지, 표적을 정해야 합니다. 상대방의 고민거리에 적절히 접근할 수 있게 된다면, 당신의 실력은 변함이 없더라도 상대에게 필요한 존재가 될 수 있습니다. 이를 위해 상대를 더 깊이 아는 것이 중요합니다.

조사를 할 때는 '상대방의 고민거리에 대한 해상도'를 높일 필요가 있습니다. 고민거리에 대한 해상도라고 하면 다소 어렵게 느껴질 수 있지만, 이는 다양한 각도에서 '상대가 안고 있는 고민거리나 이상적인 모습'을 파악하거나 가설을 세우는 것을 의미합니다. 상대방의 고민거리에 대한 해상도가 높아질수록 더 효과적으로 접근할 수 있고, 상대의 만족도도 높이며, 목표에도 가까워질 것입니다.

여러분도 자신이 겪고 있는 고민거리를 누군가가 도와준다면 어떤 생각이 들까요? 기분이 나쁘기는커녕 오히려 감사하는 마음이 들겠지요. 상대방의 고민거리를 완벽하게 해결할 필요는 없습니다. 해결할 수 있는 수준이면 충분합니다.

상대방이 무엇을 필요로 하는지 정확하게 이해하는 것은 그리 간단하지 않지만, 시간을 들여 노력할수록 그 해상도는 높아집니다.

자기중심적인 관점으로만 생각하면, 상대방이 원하지 않는 것을 제공하게 되어, 좋은 평가를 받지 못할 가능성이 높습니다. 우리는 흔히 '이것을 하고 싶다'라는 자신의 의지에 따라 '상대방의 니즈를 단정 짓는 실수'를 범하기 쉽습니다.

또한, '자신이 좋다고 생각하는 것을 상대도 원한다고 착각하는 경우'도 있습니다.

예를 들어 회의 자료를 만들 때, 서체를 마음대로 변경하고 "이 서체가 가독성이 더 좋은 것 같아서 바꿨습니다"라고 상사에게 보고하는 경우입니다.

본인은 더 나아 보일 것이라고 생각해서 행동했겠지만, 오히려 상사의 입장에서는 익숙하지 않은 서체로 인해, 자료의 내용이 눈에 들어오지 않게 될 수 있습니다. 상사는 '쓸데없는 짓을 했군'이라고 생각할 것입니다. 이는 특히 시야가 좁은 사람이 빠지기 쉬운 실수이므로 각별히 주의해야 합니다.

자기중심적 관점을 버리고 상대 중심적 관점에서 생각한다면 이런 실수를 저지를 확률은 줄어들 것입니다. 따라서 우선 '상대방이 안고 있는 고민거리'가 무엇인지 파악하는 것이 중요합니다. 이 과정에 익숙해지면, 자연스럽게 상대 중심적인 관점을 익힐 수 있게 될 것입니다.

상대방의 고민거리에도 종류가 있다

상대방의 고민거리는 '표면적인 니즈'와 '잠재적인 니즈'로 나눌 수 있습니다.

표면적인 니즈는 '지금 이 일을 도와줬으면 좋겠다', '지금 이 과제를 해결하고 싶다'처럼 상대방이 자각하고 있는 니즈를 말합니다.

직장 상사에게서 '○○프로젝트를 진행해줬으면 좋겠다'라는 요청을 받는 것이 그 예입니다.

반면, 잠재적인 니즈는 상대방이 자각하지 못하는 니즈를 의미합니다. 누구나 스스로 인식하지는 못하지만, '○○을 해주면 기쁠 것 같다', '○○이 해결되면 행복할 것 같다'라는 바람을 가지고 있습니다.

직장 상사의 경우, 표면적으로는 '직장 내의 생산성을 높이고 싶다'

라고 생각하지만, 잠재적으로는 'A 부서와 B 부서의 정보 공유가 원활해졌으면 좋겠다'라는 바람을 갖고 있을지도 모릅니다. 하지만 본인은 그 바람을 인식하지 못하고 있기 때문에, 말로 표현하거나 행동으로 옮길 수 없습니다.

그런 와중에 부하 직원 중 1명이 정보 공유에 도움을 준다면 어떨까요? 분명 상사는 매우 고마운 마음이 들겠지요. 자신도 몰랐던 고민거리를 해결해줬기 때문에, '내 마음을 잘 알고 있구나'라는 생각이 들어 평가가 단번에 올라갈 것입니다.

상대방의 고민거리를 구분하는 또 다른 관점은 '기능적', '심리적'으로 나누는 방식입니다.

기능적인 고민거리는 '매출을 ○원 더 올릴 수 없을까?', '납기를 ○일 더 단축할 수 없을까?', '이직해서 연봉을 올릴 수 없을까?', '프레젠테이션을 더 잘할 수 없을까?'와 같이 수치로 표현할 수 있거나 기술과 관련된 고민입니다. 불편함, 느림, 비쌈, 어려움, 중요함 등과 같은 효과와 관계된 문제이지요.

한편 심리적인 고민거리는 '바빠도 너무 바쁘다', '경쟁 상대에게 뒤처지기 싫다', '승진 기회를 놓칠지도 모른다'와 같은 심리적으로 인지하고 있는 고민을 말합니다. 불안, 재미없음, 촌스러움, 혐오감 등 부정적인 감정과 관련된 문제입니다.

예) 프레젠테이션에 대한 고민거리

기능적 : 프레젠테이션 대회에서 1등을 하고 싶다.

심리적 : 사람들 앞에서 실력이 없다는 인상을 주지 않았으면 좋겠다.

기능적인 것과 심리적인 것 중 어느 쪽이 더 중요한지를 정하자는 것이 아닙니다. 둘 다 중요하며, 이것들을 함께 고려할 필요가 있습니다. 그것이 상대방의 고민거리를 더 명확하게 이해하는 데 도움이 될 것입니다.

'기능적', '심리적'인 고민거리를 모두 파악하고, 해결하는 데 도움을 줄 수 있다면 여러분의 가치는 높아질 것입니다. 즉, 목표를 더 쉽게 달성할 수 있다는 뜻이지요.

일반적으로 남성은 기능적인 고민거리를 파악하는 데 능숙하고, 여성은 심리적인 고민거리를 파악하는 데 능숙합니다. 2가지 고민거리를 균형 있게 파악하고, 상대방과 함께 해결해나가는 사람은 신뢰받는 인재로 평가받을 것입니다. 우리 모두 상대방의 고민거리를 분류하고, 해상도를 높여 적절한 방식으로 접근할 수 있도록 사고방식을 전환해봅시다.

지금까지 설명한 '표면적·잠재적' 그리고 '기능적·심리적'이라는 2가지 축을 정리하면, 다음의 그림과 같이 4가지 현상으로 분류할 수 있습니다. 이렇게 분류하면 상대가 어떤 고민거리를 갖고 있는지 간단하게 정리할 수 있습니다.

또한 그림에서 제시한 것처럼 잠재적인 고민거리는 표면적인 고민거리와도 연결되어 있습니다. 그리고 잠재적인 고민거리에도 여러 단계가 있으며, 단계가 깊어질수록 더 모호해지고 본인조차도 이를 인지하거나 언어로 표현하지 못할 가능성이 큽니다. 이처럼 상대가 스스로 해결하기 어려운 부분을 도와준다면, 상대에게 큰 영향을 미칠 수 있으며, 제공하는 가치 역시 높아질 것입니다.

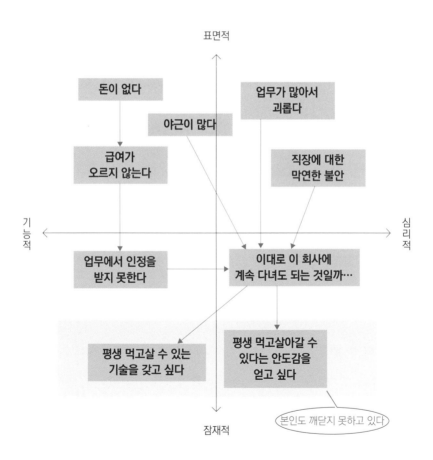

고민거리에도
'중요도'가 존재한다

고민거리의 종류뿐만 아니라 중요도도 매우 중요합니다.

같은 실력을 지녔지만, 어떤 사람은 인정받고, 어떤 사람은 그렇지 못할까요? 그 차이는 운에서 오는 것이 아닙니다. 중요한 고민거리에 접근하고 있는지, 아닌지에 따라 차이가 나는 것입니다.

상대방이 해결하고 싶어 하는 고민거리 중에는 중요성이 높은 것과 낮은 것이 있습니다.

예를 들어 수많은 경영자가 고객 유치, 자금 문제, 인재 활용 등과 같은 문제로 고민하고 있습니다. 동시에 '집이 어질러져 있다', '최근에 5kg이 쪘는데 다이어트가 어렵다' 등의 고민도 하고 있을 수 있지요.

후자의 문제도 분명 고민이긴 하지만, 그다지 절실하게 해결하고 싶은 문제는 아닐 것입니다. 전자와 비교하면 그 중요도는 낮습니다.

고민거리에도 중요도가 존재한다는 사고방식은 일반사단법인 일본 캐시플로우 코치 협회 대표 이사인 와니 타츠야(和仁達也) 선생님에게 배웠습니다. 제가 일에서 인정받는 이유도, 항상 상대방에게 중요도 높은 고민거리에 대해 가치를 제공해왔기 때문입니다.

직장인이든 프리랜서든 관계없이, 중요도가 높은 고민거리에 접근하면 반드시 인정받을 수 있습니다. 이는 필연적입니다.

직장 상사도 크고 작은 다양한 고민거리를 안고 있습니다. 어떤 사람은 '다음 출장에 비행기를 타고 갈지, KTX를 이용할지'처럼 사소한 문제로 고민하고 있을지도 모릅니다. 이런 사소한 문제를 해결해주는 것은 상대에게 큰 가치를 제공하지 못할 가능성이 큽니다.

상대방에게 효과적으로 영향을 미치기 위해서는, 중요도가 높은 고민거리이자 여러분의 목표 달성과도 관련 있는 상대의 고민거리에 초점을 맞추는 것이 중요합니다.

상대방의 고민거리를 분류하고, 그 해상도를 높이는 것은 '진정한 강점'을 발휘할 수 있도록 상대 축을 설정하는 데 꼭 필요합니다. 가설의 정확성을 높이기 위해 다음 활동에 집중해봅시다.

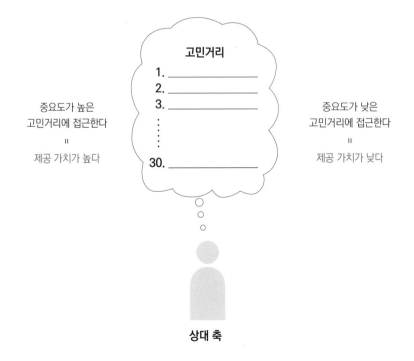

상대방의 고민거리와
이상적인 상태 파악하기

'자신의 목표를 달성하기 위해서는 상대방의 고민거리를 해결해야 한다'라고 지금까지 설명드렸습니다.

차근차근 다시 정리하자면, 상대방의 고민거리를 해결하고 상대방이 이상적으로 생각하는 상태를 실현하도록 도와줌으로써 여러분은 목표 달성에 한발 더 다가갈 수 있습니다.

상대방의 고민거리를 해결하는 것, 즉 상대방에게 가치를 제공하기 위해서는 먼저 상대방의 고민거리와 바람직한 상태를 정리하는 것이 필수입니다.

활동 2-3의 목표는 상대방의 고민거리와 이상적인 상태를 명확히 하는 것입니다.

1 고민거리를 '기능적'·'심리적'으로 분류한다

나의 목표를 달성하기 위해 누구에게, 어떤 가치를 제공할 것인가?

다시 한번, 그 포인트에 대해서 생각해봅시다. 먼저 상대 축의 고민 거리를 파악해야 합니다. 가능하면 상대와 직접 대화해 고민에 대한 단서를 찾아봅시다. 상대 축의 대상과 직접 만나서 대화하는 경우에는 156페이지의 '직접 조사' 방법을 참고하길 바랍니다.

하지만 원격 근무가 보편화된 오늘날, 사람과 직접 대면해서 이야기 나눌 기회도 줄어들었습니다. 직접 대화하기 어렵다면 고민거리의 항목을 세분화해 생각하는 것이 중요합니다. 세분화해야 할 항목은 앞서 목표를 설정할 때의 항목과 동일합니다.

- **인간관계**
- **돈**
- **시간**
- **보람**
- **기타**

이 5가지 항목에 대해, '기능적', '심리적'인 고민거리를 각각 작성 해봅시다. 이렇게 5가지로 나누면 상대방의 고민을 더 명확하게 파악할 수 있습니다.

항목별로 개수는 제한을 두지 말고, 지금 상대방이 어떠한 어려움을 겪고 있는지 자유롭게 적어 내려가봅시다. '표면적인 고민거리이지 않을까?'라는 고민이 되더라도, 멈추지 말고 계속 작성해보세요. 여기서는 상대방이 갖고 있는 고민거리의 해상도를 높이는 것이 목적이기 때문에 가능한 한 많이 적어보는 것이 중요합니다.

② 이상적인 상태를 정리한다

목표를 설정할 때와 마찬가지로 상대방의 고민을 반전시켜, 이상적인 상태를 작성해봅시다. 고민거리뿐만 아니라 이상적인 상태도 '기능적', '심리적'으로 구분해 적을 수 있습니다.

여기서는 상대방이 어떤 상태가 되면 행복할지, 구체적으로 떠올릴 수 있도록 활동에 임해보세요.

상상력과 가설을 세우는 힘을 기르고, 상대 중심적 관점으로 생각하기 위해서라도 상대방의 이상적인 상태를 명확히 언어로 표현해봅시다.

③ 상대방의 고민거리 중 한 가지를 택한다

지금까지 작성한 상대방의 고민거리 중 한 가지를 선택해봅시다. 선택하는 기준은 간단합니다.

나의 목표 달성에 가장 큰 영향을 미칠 수 있는 것은 무엇인가?

고민거리에는 '중요도'가 존재합니다. 중요한 고민을 해결하는 것을 도와줘야 상대방이 만족할 것입니다.

물론 '결국 하나로 좁힐 거라면, 처음부터 한 가지 고민거리만 선택하면 되는 것 아닌가?'라고 의문이 들 수도 있습니다. 하지만 여기서의 목적은 고민거리의 해상도를 높이는 것입니다.

'진정한 강점'을 키우기 위해서는 목표 달성에 가장 큰 영향을 미치는 고민을 파악하는 것이 중요합니다. 하지만 중요도가 그리 높지 않은 고민들도 알아둬야 합니다. 이를 통해 상대방에 대한 이해가 깊어지면 '진정한 강점'을 찾는 것 외에도 가치를 제공할 기회가 더 많아지기 때문입니다.

즉, 여러 고민거리를 작성하면, 상대방에게 선택받을 확률을 더 높일 수 있습니다.

활동 2-3 상대방의 고민거리를 파악해보자

	상대방의 고민거리		이상적인 상태
	기능적	심리적	
인간관계			
돈			
시간			
보람			
기타			

	상대방의 고민거리		이상적인 상태
	기능적	심리적	
인간관계	• 동기들에 비해 승진이 늦다. • 프로젝트 관리를 능숙하게 하지 못한다. • 부하 직원이 기대한 만큼 성과를 올리지 못한다.	• 동기들에 비해 뒤처지고 싶지 않다는 생각에 초조하다. • 자기보다 능력이 부족한 사람이 먼저 승진해 질투가 난다. • 무능한 부하 직원 때문에 분노와 안타까움을 느낀다.	• 동기들보다 빨리 승진한다. • 프로젝트 관리가 생각했던 대로 잘 진행된다. • 부하 직원이 기대 이상으로 성과를 내고 있다.
돈	• 자녀의 교육비가 해마다 오르고 있다. • 앞으로 급여가 크게 오를 것 같지 않다.	• 자녀의 학비를 계속 부담할 수 있을지 불안하다. • 직책을 맡고 있지만, 예상보다 돈을 많이 모으지 못했다는 것을 부하 직원들에게 알리고 싶지 않다.	• 자녀가 원하는 교육을 충분히 지원할 수 있다. • 매달 안정적으로 돈을 저축하고 있다.
선택 시간	• 납기가 지연되고 있다. • 계속된 야근으로 가족과 보낼 시간이 없다. • 고객 전화에 시달려서 프로젝트가 진행되지 않는다.	• 아이의 성장을 가까이에서 지켜보지 못해 부모로서 죄책감을 느낀다. • 좀 더 가족을 챙겨야 한다는 조바심이 난다. • 날이 갈수록 늘어나는 업무량 때문에 괴롭다.	• 납기를 지킨다. • 일에 최선을 다하면서도 가족과 보내는 시간을 확보할 수 있다. • 일이 계획대로 진행된다.
보람	• 없음	• 매일 부하 직원들의 보고를 받느라 정작 자신의 일은 진척되지 않아 초조하다. • 매일 같은 일이 반복되어 지루하다. • 회사에서 정당하게 평가받지 못하고 있어 불만이다.	• 생산성 높은 일을 할 수 있고, 업무가 재미있다. • 회사에서 정당하게 평가받아 만족감을 느낀다.
기타	• 없음	• 없음	• 없음

잠재적인 고민거리
발견하기

활동 2-4에서는 상대방의 표면적인 고민거리를 통해, 잠재적인 고민거리를 찾아내는 활동을 해봅시다.

먼저 '표면적인 고민거리'를 찾아내는 것은 그다지 어렵지 않습니다. 왜냐하면 표면적인 고민거리란 상대방이 평상시에도 인식하고 있는 고민이기 때문입니다.

즉, 인식하고 있기 때문에 평소에도 말하고 있을 가능성이 높습니다.

하지만 그 고민을 여러분이 해결해줄 수 있을지는 별개의 이야기입니다. 왜냐하면 고민하고 있는 당사자도 이미 고민거리를 명확히 인식하고 있고, 스스로 해결하려고 노력하고 있기 때문입니다.

'매출을 올려라!', '업무를 효율적으로 진행해라!', '이곳을 정리해라!' 등 당신에게 이해하기 쉽게 명령조로 문제 해결을 지시할 사람은 많지 않겠지만, 상대방이 이 문제를 어떻게든 해결하고 싶어한다는 것은 명확하게 알 수 있습니다.

여러분에게 이상적인 상태는 상대방이 목표를 달성하기까지 예상되는 기간이나, 구체적으로 어느 정도의 개선을 바라고 있는지 등을 수치로 명확하게 파악하는 것입니다. 이를 알아차리는 것은 현실적으로 쉽지 않지만, 적어도 상대방이 무엇을 원하는지는 어느 정도 예상해볼 수 있습니다.

이러한 표면적인 고민거리보다 파악하기 어려운 것은 잠재적인 고민거리입니다.
알아차리기 쉬운 표면적인 고민거리가 아닌, 잠재적인 고민거리를 파악해야 상대방에게 더 효과적으로 가치를 제공할 수 있습니다.

잠재적인 고민거리는 상대방이 아직 스스로 인식하지 못했거나, 막연하게 생각하고 구체적으로 파악하지 못한 문제를 말합니다. 이러한 모호한 지점을 짚어주면 '아, 그 부분을 도와주면 한시름 놓겠어요!' 라는 반응을 이끌어낼 수 있습니다.
이처럼 잠재적인 고민거리는 상대방이 자각하고 있지는 않지만, 해결해야 하는 문제입니다. 따라서 잠재적인 고민거리를 해결할 수 있다면 여러분의 존재 가치는 높아지고, 상대방의 문제에 효과적으로 접근하고 있다고 볼 수 있습니다.

그렇다면, 어떻게 하면 잠재적인 고민거리에 접근할 수 있을까요? 여기서도 기본 전략은 가설을 세우는 것입니다.

가설의 정확도를 높이기 위해서는 '왜 그 문제가 해결되지 않을까?'라고 생각되는 부분을 깊이 파고드는 것입니다. '왜(Why)?'라는 질문은 상대방의 고민거리를 깊이 파고드는 질문입니다.

상대방의 고민을 분석하기 위한 기본은 '왜?'라는 질문을 반복적으로 던지며 고민함으로써 문제를 명확하게 하는 것입니다.

'혹시 상대방이 고민하고 있는 요인은 이것이 아닐까?'라는 생각이 떠오를 때까지 '왜?'를 반복해나갑니다.

프로젝트 납기를 앞당기고 싶다 → 왜 납기를 앞당기고 싶은 것일까? → 고객에게 항의를 받았기 때문이다 → 왜 납기를 앞당길 수 없는 것일까? → 담당자가 항상 기한을 지키지 않는다 → 왜 담당자가 기한을 지키지 않는 것일까? → 언제까지 무엇을 해야 하는지에 대한 공통된 규칙이 없다

이러한 심층 분석을 통해 상대방의 잠재적인 고민거리에 접근할 수 있다면, 자연적으로 표면적인 고민거리도 해소될 것입니다. 그 결과 상대방에게 큰 가치를 제공할 수 있게 됩니다.

표면적인 고민거리를 출발점으로 삼고, 잠재적인 고민거리를 탐색해나감으로써 상대 중심적 관점에 더욱 가까워질 수 있습니다.

잠재적인 고민거리는 여러분의 가설을 바탕으로 하나씩 생각해봅시다. 이때 심층 분석을 위해 사용하는 것이 로직 트리(Logic Tree)입니다. 왜 고민거리를 점점 더 깊이 파고들어 가야 할까요? 바로, 지금까지 없었던 새로운 관점을 얻기 위해서입니다.

로직 트리를 사용해 '이런 방향이 맞을까?'라고 고민하고, 시행착오를 겪는 행위 자체가 상대방의 고민거리에 대한 해상도를 높이는 데 도움이 됩니다.

머리로 생각했을 때 2~3개 정도밖에 떠오르지 않던 잠재적인 고민거리가 시간을 들이고 도구를 사용함으로써 10~20개까지 늘어날 수도 있습니다.

이 과정에서 나온 잠재적인 고민거리는 표면적인 고민거리와도 연결되어 있기 때문에, 상대방 입장에서는 해결해주면 고마운 마음이 들 것입니다.

조사와 상상력, 이 2가지 측면에서 잠재적인 고민거리를 잔뜩 끄집어내 봅시다.

활동 2-4 상대방의 잠재적인 고민거리를 분해해보자

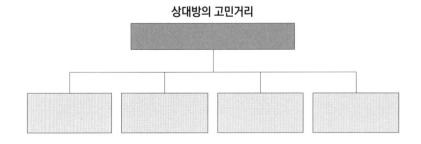

상대방의 고민거리

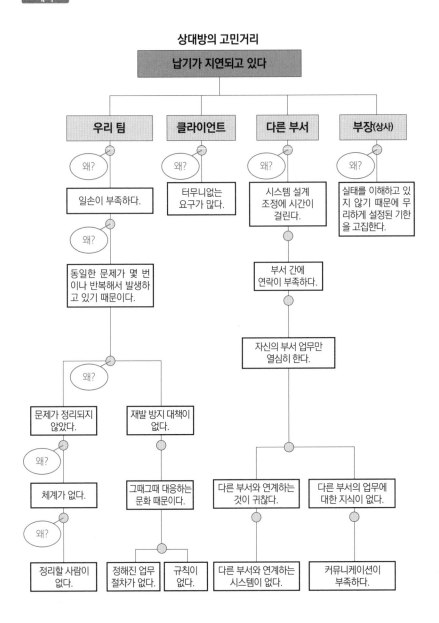

로직 트리를 만들 때의 포인트는 다음의 3가지입니다.

① 1단계에서는 고민거리를 인수분해한 요소를 기입한다

인수분해는 무엇인가를 논리적으로 생각할 때 필요한 중요한 기술입니다. 로직 트리는 분해하면 할수록 끝이 없기 때문에, 첫 번째 단계에서는 분석하려는 고민거리를 구성하는 주요 요소를 명확히 분해해 살펴보는 것이 중요합니다.

앞서 활동 2-4의 예시에서는 '납기가 지연되고 있다'라는 표면적인 고민거리를 '누구'라는 관점에서 분석했습니다.

'이 고민거리는 '누구'로 인해 발생하고 있는가?'를 고민해 '우리 팀', '클라이언트', '다른 부서', '부장(상사)'으로 분해했습니다. 이러한 분해 방법에 정답이란 없습니다. 어디까지나 가설의 정확도를 높이기 위해 1단계를 세분화한 것이라고 이해하면 됩니다.

분해하는 방법은 여러 가지가 있습니다. 예시에서는 '누구'라는 관점을 사용했지만, 업무 프로세스처럼 또 다른 기준을 설정해 분해할수 있습니다. 예를 들어, 아래와 같이 나눌 수도 있습니다.

'시스템 설계 = 필요 요건 설정 → 상세 설계 → 개발 → 테스트 → 운영'

누락이 없도록 첫 번째 층의 요소를 분해하면 가설의 정확도가 높아집니다.

② 마인드맵 도구를 사용해 만든다

사고를 정리하는 도구 중 하나로 마인드맵 프로그램이 있습니다. 저는 무료로 사용할 수 있는 'XMind'라는 프로그램을 추천합니다. Windows(윈도우)와 Mac(맥)에서 모두 사용할 수 있습니다.

마인드맵을 사용하면, 표면적인 고민거리를 잠재적인 고민거리로 심층 분석할 수 있을 뿐만 아니라, 프레젠테이션 자료나 회의록, 고객과의 컨설팅 등에 폭넓게 사용할 수 있습니다.

노트나 종이, 이 책의 워크시트 등을 사용해 정리할 수도 있지만, 이는 사용할 수 있는 공간에 한계가 있습니다. 공간이 부족하면 사고의 폭이 좁아질 수도 있으니, 처음부터 공간 제약이 없는 디지털 도구를 사용하는 것이 더 효과적일 것입니다. 디지털 도구는 자유롭게 수정도 가능하므로 적극 추천합니다.

③ '왜왜 분해'는 5번 반복한다

이와 같은 심층 분석 작업에 익숙하지 않은 사람은 3단계 정도에서 끝나는 경우가 많습니다. 잠재적인 고민거리를 구체화하지 못하면, 어떻게 접근해야 할지 감이 잡히지 않습니다. 그래서 더 구체적인 이미지를 떠올릴 수 있도록, 가능한 5단계까지 깊이 파고들 것을 추천합니다.

하지만 모든 항목을 5단계까지 분석할 필요는 없습니다. 접근했을 때 상대방이 기뻐할 것 같은 고민거리만 깊이 파고들면 됩니다.

이 '왜왜 분해'는 제가 NTT데이터에 근무할 때 '근본 원인'을 찾기 위한 트레이닝 과정에서 수행했던 것입니다.

그 당시에는 왜 5단계까지 깊이 파고들어야 하는지 의문이 들었습니다. 하지만 지금 생각해보면 문제를 분석하고 가설을 세우는 능력을 키우는 데 매우 유용했습니다.

왜냐하면 정답이 없는 이 시대에 가설을 세우고 행동하며 검증하는 능력은 필수적이기 때문입니다. 이 과정을 반복하다 보면 머리가 복잡해질 수 있습니다. 하지만 5단계까지 깊이 파고드는 심층 사고를 완전히 익히는 것이 중요하니, 꾸준히 도전해보시기를 바랍니다.

상대방의 고민거리를
목록으로 정리하기

상대방의 잠재적인 고민거리에 대해 납득이 갈 정도로 깊이 있게 탐구하셨나요? 경쟁자 축 활동을 원활히 진행하기 위해, 이 단계에서 상세 목록을 작성해봅시다. 로직 트리의 가장 아래에 적힌 잠재적인 고민거리를 골라 상세 목록으로 정리하면 됩니다. 기재하는 순서는 상관없습니다. 로직 트리에서 복사해서 붙여 넣으면 됩니다. 비슷한 내용이 여러 개 있는 경우, 한 가지 요소로 합쳐도 괜찮습니다.

로직 트리의 내용을 세부 목록으로 정리해보자

**142페이지의
로직 트리**

상대방의 고민거리 상세 목록

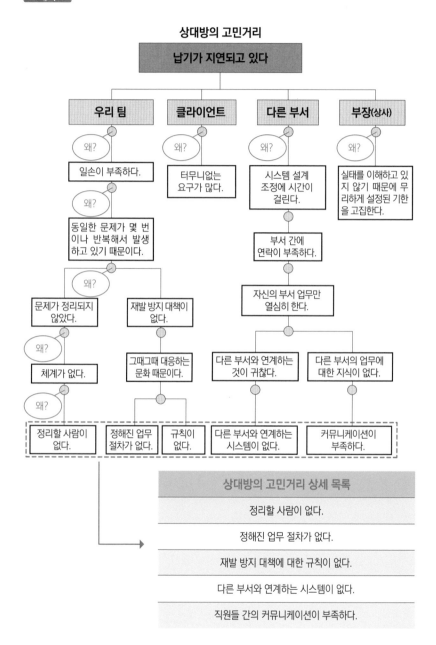

상대방의 고민거리

납기가 지연되고 있다

우리 팀 | 클라이언트 | 다른 부서 | 부장(상사)

왜? 일손이 부족하다.

왜? 동일한 문제가 몇 번이나 반복해서 발생하고 있기 때문이다.

왜? 터무니없는 요구가 많다.

왜? 시스템 설계 조정에 시간이 걸린다.

부서 간에 연락이 부족하다.

왜? 실태를 이해하고 있지 않기 때문에 무리하게 설정된 기한을 고집한다.

자신의 부서 업무만 열심히 한다.

왜? 문제가 정리되지 않았다.

재발 방지 대책이 없다.

다른 부서와 연계하는 것이 귀찮다.

다른 부서의 업무에 대한 지식이 없다.

왜? 체계가 없다.

그때그때 대응하는 문화 때문이다.

왜? 정리할 사람이 없다.

정해진 업무 절차가 없다.

규칙이 없다.

다른 부서와 연계하는 시스템이 없다.

커뮤니케이션이 부족하다.

상대방의 고민거리 상세 목록
정리할 사람이 없다.
정해진 업무 절차가 없다.
재발 방지 대책에 대한 규칙이 없다.
다른 부서와 연계하는 시스템이 없다.
직원들 간의 커뮤니케이션이 부족하다.

활동 2-5까지 실행하면, 상대방 축 활동은 완료됩니다.

지금까지 상대방의 표면적인 고민거리와 잠재적인 고민거리에 대해 파악했습니다.

'아직 뭔가 와닿지 않는데….'

'정말 이대로 진행해도 괜찮을까?'

이런 의문을 느끼는 분도 있을 것입니다.

확실히, 지금까지는 상대방 축만 명확하게 정리한 상태입니다. 아직 무엇인가 막연한 부분이 있는 것도 당연합니다.

왜 그럴까요? 반복해서 말하지만, '진정한 강점'은 상대방 축에 더불어 경쟁자의 관점과 자신의 특징을 결합해야 비로소 찾을 수 있기 때문입니다.

이제부터 경쟁자 축과 자기 축을 통합해나가면, 점차 '진정한 강점'의 윤곽이 드러나게 될 것입니다. 그리고 '이 방향으로 가보자'라는 자신감이 생길 것입니다.

'진정한 강점'을 키우는 과정에서 큰 발전을 이루고 있으니, 안심하셔도 좋습니다.

포인트

조사에 대한
접근법

이 부분에서는 '더 높은 정확도로 상대방에 대해 알고 싶다'라는 분들에게 추천하는 조사 방법입니다.

필수는 아니지만, 가능하다면 시도해보시기 바랍니다. '진정한 강점'을 발휘해 상대방에게 가치를 제공할 확률이 크게 높아질 것입니다.

상대방 축에 대해 항상 염두에 둬야 할 접근 방법이 있습니다.

'상대방 이상으로 상대방을 걱정한다'
라는 것입니다.

자신의 목표를 달성하는 데 있어, 자신만 생각하는 것이 아니라 상대방의 이상적인 상태를 응원할 수 있다면 매우 효과적입니다.

상대방의 이상적인 상태를 응원하려면, 상대방 이상으로 상대방에 대해 잘 알아야 합니다. 그렇게 할 수 있다면 '나에 대해 잘 알고 있어', '항상 배려심이 넘치는 사람이야'와 같은 인상을 줄 수 있습니다.

그렇다면 상대 이상으로 상대방을 걱정하기 위해 무엇을 해야 할까요? 그에 대한 정답이 바로 '조사'입니다.

상대방에게 물어보고 싶은 것은 크게 '현재', '미래', '과거'라는 3가지 시간 축으로 분류할 수 있습니다. 이 3가지 시간 축을 의식하면 효과적으로 조사할 수 있습니다.

> **현재의 정보 :** '지금 무엇 때문에 고민하고 있을까? 무엇을 과제로 삼고 있을까?'
> **미래의 정보 :** '앞으로 어떻게 되고 싶은 것일까?'
> **과거의 정보 :** '왜 그렇게 생각하게 됐을까?'

기본적으로 현재와 미래의 격차만 찾아도 상대방이 원하는 것을 어느 정도 파악할 수 있습니다. 실제로 상대 축 활동에서 현재와 미래의 격차를 정리했습니다.

더 나아가 상대방의 과거를 파고들 수 있다면, 더욱 상대방의 니즈에 부합하는 가치를 제공할 수 있을 것입니다.

'왜 그렇게 생각하게 됐을까?', '지금까지 어떤 가치관으로 일해왔을까?'처럼 과거에 대해 조사하면 더 넓은 관점에서 상대방에게 도움이 되는 방법을 찾을 수 있기 때문입니다.

　상대 축을 현재, 미래, 과거라는 여러 시간 축을 활용해 조사하는 방법에는 2가지 종류가 있습니다. 인터넷 등을 이용해 조사하는 '간접 조사'와 직접 상대방에게 물어보는 '직접 조사'입니다.

　이제 이 2가지 조사 방법과 제가 실제로 활용하는 테크닉을 소개하려고 합니다. 상대방의 고민거리를 보다 더 깊이 이해하기 위해 꼭 참고해보시기 바랍니다.

종류별	간접 조사	직접 조사
조사 방법	인터넷에서 찾아본다, 다른 사람에게 듣는다	본인에게 직접 물어본다
조사하기 쉬운가?	○	X
깊이 있는 정보인가?	△	○

실행하기 쉬운
'간접 조사'

상대방이 인터넷에서 정보를 제공하는 사람이라면, 이를 통해 현재, 미래, 과거에 관한 정보를 찾아낼 수 있습니다.

기업을 조사할 때는 홈페이지를 꼭 확인해야 합니다. 기업 이념은 기업이 '미래에 어떤 모습이길 원하는지'를 알 수 있는 힌트가 됩니다.

그 밖에도, SNS 정보를 활용하는 방법도 있습니다. 예를 들어 영업직이라면 영업 대상 회사의 홈페이지나 경영자의 개인 SNS를 확인하는 것만으로도 상당한 정보를 얻을 수 있습니다.

하지만 상대방이 인터넷상에 정보를 제공하지 않는 경우에는 간접조사를 실행할 수 없습니다. 직접 조사를 할 수 있으면 좋겠지만, 어려운 상황도 있습니다. 예를 들어 이직하고 싶은 기업의 채용 담당자에게 직접 질문하는 것은 현실적으로 어렵겠지요. 이때는 기회가 된다면 기업 설명회 등에 참여해 '그 회사가 지금까지 어떤 점을 중요하게 여겨 왔는지', '회사를 어떤 방향으로 이끌어 가고 싶은지'와 같은 정보를 파악하시길 바랍니다.

정보를 수집하는 축은 역시 현재, 미래, 과거라는 축입니다.

이 3가지 관점에서 기업 정보를 정리하면, 무엇이 문제이고, 무엇을 목표로 하고 있으며, 어떤 흐름으로 그렇게 됐는지를 파악할 수 있고, 채용 면접 시 기업에 대한 높은 이해도를 어필할 수 있습니다.

상대방 이상으로 상대방에 대해 아는 것은 적절한 접근을 하기 위해서도 효과적입니다. 한 경영자가 '나보다 나를 더 잘 아는 영업사원이 찾아와서, 나도 모르게 그 이야기를 듣고 말았다'라고 SNS에 올린 글을 보고 매우 공감했던 기억이 있습니다.

저 역시 처음으로 함께 일하게 되는 사람에 대해서는 사전에 SNS를 확인해 그 사람의 생각이나 취미 등을 미리 조사합니다. 함께 일을 하려면, 상대방에 대해 관심을 가지고 알아보는 것은 당연한 행동이라고 생각합니다.

인터넷에서 조사하기 어려울 때는 그 사람을 잘 아는 사람을 통해 정보를 얻기도 합니다.

새로 배치된 직장에서 높은 성과를 내고 싶다면, 다양한 조사가 필수적입니다. 동료와 친해지면, 가벼운 잡담을 통해 '상대 축 대상'에 대한 조사를 해보시기 바랍니다.

"○○ 님은 어떤 경력을 가진 분인가요?"
"○○ 님 팀의 과제는 무엇인가요?"
"지금까지 어떤 일을 했을 때 재미있다고 느끼셨나요?"

이런 질문을 여러 사람에게 던져 보면 꽤 유용한 정보를 얻을 수 있을 것입니다. 그 정보를 바탕으로 상대방이 필요로 하는 것에 대해 가설을 세우고, 하나씩 검증해나가면 됩니다.

효과가 뛰어난
'직접 조사'

상대 축이 직장 상사나 선배인 경우에는 직접 질문할 기회를 만들수 있습니다. 모처럼 대화할 기회를 얻었다면, 직접 지시받은 업무뿐만이 아니라 상대방에 대해 알기 위해 에너지를 집중해봅시다.

하지만 바쁜 업무 중에 대화할 시간을 낸 것이므로, 지나치게 잡담위주의 조사에 시간을 쓰게 되면 상대방의 시간을 빼앗는 일이 될 수있습니다. 상대 축 대상이 되는 사람은 대부분 여러분보다 생산성이높은 경우가 많기 때문에, 시간을 너무 많이 빼앗으면 큰 민폐를 끼치게 됩니다. 따라서 한 번의 대화 기회로 모든 것을 알아내려는 생각은피해야 합니다.

일반적으로 여러분이 가치를 제공하고 싶은 대상은 여러분보다 지위가 높습니다. 직접 마주해서 갑자기 '앞으로 어떻게 되기를 바라시나요?'라고 묻기란 어려울 것입니다. 실제로 그렇게 물어본다면 이상한 사람으로 비춰질 가능성이 큽니다.

따라서 상대방의 이야기를 들을 때는 몇 번에 나눠 조심스레 질문해나가길 바랍니다. 몇 번 질문하다 보면 조금씩 정보가 쌓이고, 점차 전체적인 모습이 보이기 시작할 것입니다. 비유하자면 퍼즐 조각을 하나씩 모아가는 이미지입니다.

상대방의 고민거리를 입 밖으로 끌어내는 '보연상(보고, 연락, 상담) 조사'

여기서는 제가 실제로 하고 있는 조사 방법에 대해 소개하고자 합니다. 저는 보고·연락·상담을 바탕으로, 대화하는 동안 자연스럽게 조사를 하는 경우가 많습니다. 이 대화 흐름을 '보연상(보고·연락·상담) 조사'라고 합니다. '잡담을 하면서 필요한 정보를 얻는다'라는 느낌으로 상대와 대화를 나누는 것입니다. 상대방에게 '정보를 캐내고 있다'라는 느낌이 들지 않게 하면서 자연스럽게 정보를 끌어내는 것이지요.

지금은 시대의 흐름에 따라 많이 사라졌지만, 예전에는 흡연 구역에서 휴식을 취하면서 직장 상사와 팀원이 잡담을 나누는 광경을 자주 볼 수 있었습니다.

비흡연자에게는 담배를 피는 시간이 비생산적으로 보일 수 있습니다. 하지만 어느 순간 깨달았습니다. 직장에서는 담배를 피우는 직원의 평가가 더 높았다는 사실을요.

단순히 휴식 시간을 함께 보내면서 친해졌기 때문일 수도 있겠지만, 현대의 직장은 단지 친하다는 이유만으로 좋은 평가를 받을 만큼 허술하지 않습니다.

아마도 잡담을 통해 중요한 정보나 생각을 공유했을 것입니다. 그리고 업무를 진행할 때 상대 축 정보를 가진 부하 직원이 상사의 고민을 자연스럽게 해결해 성과를 내고 있었던 것일지도 모릅니다. 이렇게 추측하면 모든 것이 자연스럽게 설명됩니다.

즉, 정보를 얻고 싶다면 업무 중에 자연스럽게 잡담하는 타이밍을 포착하는 것이 중요합니다. 그렇지만 갑자기 잡담을 하라고 하면, 대화가 서툰 사람에게는 지옥과도 같을 것입니다.

하지만 안심하시기 바랍니다. 목적은 상대방의 고민거리를 파악하는 것이지 잡담을 하거나, 친해지는 것이 아닙니다. 조사를 통해 상대방의 고민거리에 대한 실마리를 찾는 것이 목적입니다.

핵심은 간단합니다. 잡담의 시작은 '상담'입니다. 먼저 자신의 고민을 이야기하면서 조언을 구하고 싶다는 자세로 접근해보세요. 어디까지나 배우려는 자세가 중요합니다. 기본적인 대화 예시는 다음과 같습니다.

| 기본 편

나 : "요즘 엄청 바쁘시지요?" ①

상대 : "그래, 바쁘지."

나 : "저는 더 잘할 수 있을 것 같은데, 상황이 전혀 나아지질 않네요. 최근에는 개선하려고 ○○ 같은 방법도 시도해봤는데, 그다지 성과로 이어지지 않아서⋯. 조언 한마디 해주시면 정말 감사하겠습니다⋯." ②

① 처음 말을 거는 것을 '슬립 인'이라고 부릅니다. 이 한마디가 이후 대화의 흐름을 좌우합니다. 슬립 인의 목적은 가벼운 대화의 기회를 만들어, 다음 대화를 자연스럽게 이어가는 것입니다. 그래서 저는 보통 지금 얼마나 바쁜지 이야기하거나 업무에 대한 느낌을 말하면서 대화를 시작합니다.

② 그다음은 업무에 대한 상담입니다. 상사와 대화할 때는 상대의 목표 달성에 도움이 되는 이야기를 해야 합니다. 생산성이 높은 사람의 시간을 할애하는 것이기 때문에, 그 시간이 유익하다고 느끼게 해야 합니다. 따라서 업무상의 과제를 공유하면서 대화를 이어나갑니다.

그러면, 대부분 상대방은 당신의 현재 상황이 어떤지 확인하려고 합니다. 문제점을 정리한 다음에 해결책을 생각하는 것이 매니지먼트 업무의 기본이기 때문이지요.

"언제부터 고민하고 있었나?"

"구체적으로 어떤 업무인가?"

"문제가 뭐라고 생각하나?"

"그 문제에 대해 어떻게 느끼고 있었나?"

상대방으로부터 이런 질문을 받게 될 것입니다.

상대가 묻는 질문에 대해서는 솔직하게 대답하세요. 어느 정도 대답을 한 후에는 "이렇게 하는 편이 좋다"라고 조언을 받을 수 있을지도 모릅니다.

그리고 "정보를 정리해주셔서 감사합니다"라고, 상담에 응해준 것에 대한 감사의 말을 전해봅시다. 공을 받았으면 돌려주는 것이 캐치볼 대화의 기본입니다. 자신의 요구만 던지지 않도록 주의하시기 바랍니다.

여기서부터는 여러분이 알고 싶은 정보를 묻는 타임으로, 단번에 필요한 정보를 끌어내기 위해 본격적으로 질문을 시작할 수 있습니다.

"솔직히 ③, 과장님이 보시기에 저희 팀의 가장 큰 과제는 뭐라고 생각하시나요? ④ 저도 팀에 더 도움이 되고 싶은데, 과장님이 신경 쓰고 계신 부분이 뭔지 여쭙고 싶습니다."

③ 먼저, '솔직히'라는 서두를 붙입니다. 서두 발언은 갑작스럽게 묻는 것이 불편할 수도 있는 질문에 완충재 역할을 해주는 말입니다.

④ 서두를 던진 뒤, 다음 질문에서는 회사나 과장, 팀에 도움이 되고 싶다는 자세를 유지하면서, 상대방이 바라는 것이 무엇인지로 화제를 돌리고 있습니다. 이렇게 앞으로 이야기할 주제를 정하는 질문

을 '유도 질문'이라고 부릅니다.

여기서는 상대방에게도 도움이 될 수 있다는 것을 은연중에 내비치며, 왜 여러분이 이 주제를 묻고 싶어 하는지 이유를 덧붙이고 있습니다. 무엇인가를 하고 싶을 때 '이유'를 함께 말하면 상대를 더 쉽게 설득할 수 있습니다.

그저 궁금해서 알고 싶다고 말하면, "시끄러워, 일이나 해"라는 답변을 들을 가능성이 있습니다. 여기서도 "상대방의 성과에 도움이 되고 싶어서 물어보고 싶다"라는 메시지를 내비침으로써, 상대방이 자신의 정보를 공개할 때 얻을 수 있는 이점을 전달한 것입니다.

자신의 고민상담으로 시작한 대화는 유도 질문을 통해 상대방의 고민거리로 자연스럽게 주제가 전환됩니다. 하지만 한 가지 답변만 듣고 나서 상대의 고민을 깊이 이해할 수 없습니다. 상대방의 고민에 대한 해상도를 높이기 위해 추가적인 질문을 이어갑니다. 이때의 질문을 '심층 질문'이라고 하며 크게 6가지로 나눌 수 있습니다.

1. "가장 큰 과제는 무엇일까요?"
   → 최선을 알기 위한 질문
2. "현 상황의 과제를 수치로 말씀해주실 수 있나요?"
   → 수치화를 통해 정량적으로 정보를 파악하기 위한 질문
3. "왜 과장님은 그것이 가장 큰 문제라고 생각하시나요?"
   → 이유(why)를 알기 위한 질문

4. "구체적으로 말하면 그 과제는 무엇을 가리키는 것일까요?"

   → 구체화하기 위한 질문

5. "그 밖에는 어떤 과제가 있다고 생각하시나요?"

   → 다른 정보로 확장하기 위한 질문

6. "왜 그 과제에 주목하고 계신가요? 지금까지 있었던 일에 대해 알고 싶습니다."

   → 스토리를 통해 이해함으로써 배경을 더 쉽게 파악할 수 있게 되는 질문

대화 속에 심층 질문을 자연스럽게 포함시키면, 상대방에 대한 이해도가 점차 높아집니다. 직접 질문하는 방식은 상대 축을 더 깊이 이해할 수 있게 해주며, 이를 통해 더 높은 가치를 제공할 가능성이 높아집니다.

이렇게 직접 조사하는 횟수를 늘리다 보면, 상대 축에 대한 정보가 점점 더 쌓이게 됩니다. 업무를 할 때 업무 수행을 위한 정보뿐만 아니라, 상대방에게 더 도움이 되기 위한 배경 정보를 수집해나갈 수 있다면 '진정한 강점'을 발휘하는 데 필요한 재료를 효율적으로 모을 수 있습니다.

물론 한 번의 대화로 깔끔하게 정보를 수집할 수 있다면 행운이겠지만, 신뢰 관계나 대화 타이밍에 따라 달라질 수 있는 부분도 있습니다. 따라서 꾸준히 조사를 계속해나갈 필요가 있습니다. 상대 중심적 관점에서 상대방의 고민거리를 계속 수집하려는 자세가 중요합니다.

지금까지 '현재' 시점에서 상대가 갖고 있는 고민거리에 대해 말했습니다. 가능하다면, 현재뿐만 아니라 미래와 과거라는 여러 시간 축에 대해서도 조사해봅시다.

'진정한 강점'을 키우기 위해서는 현재 상대방의 고민이 무엇인지 조사할 수 있기만 해도 충분합니다. 하지만 직접 조사할 기회가 있다면 상대가 어떤 가치관을 갖고 있고, 무엇을 목표로 하고 있는지, 그 배경 정보까지 파악할 수 있다면 고민거리에 대한 해상도는 더욱 높아질 것입니다.

그렇다면 '현재'의 고민거리 말고도 '미래', '과거'라고 하는 시간 축에서도 유도 질문을 던져 봅시다.

'미래가 어땠으면 좋겠는지?'를 물어보고, 현재 상태와의 격차를 생각해보면 상대방이 무엇을 원하는지 더 잘 보이게 됩니다.

그리고 과거에 대해서도 물어볼 수 있다면, 왜 그런 생각을 하게 됐는지 그 이유까지 유추할 수 있습니다.

유도 질문을 통해 시간 축의 폭을 확장하고, 심층 질문을 통해 상대방의 생각을 깊이 이해해 고민거리에 대한 정보를 더 풍부하게 확보해봅시다.

"솔직히, 지금까지 가장 크게 실패하셨던 일은 무엇인가요?" ⑤
"지금까지 본 사람 중에서 가장 일을 잘한다고 느낀 사람은 어떤 사람인가요?" ⑥

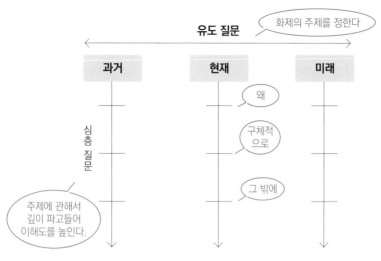

유도 질문

화제의 주제를 정한다

| 과거 | 현재 | 미래 |

왜

구체적으로

그 밖에

심층 질문

주제에 관해서 깊이 파고들어 이해도를 높인다.

유도 질문과 심층 질문을 사용해
상대방의 고민거리에 대한 정보량을 늘린다.

⑤, ⑥은 과거에 관한 유도 질문입니다. 여기에 심층 질문을 더하면 생각의 근원이나 가치관을 알 수 있게 됩니다.

과거에 관한 질문을 통해, 상대방이 원하는 업무의 배경까지 파악할 수 있습니다. 이 정도로 정보를 끌어낼 수 있다면, 상대의 니즈를 잘못 이해할 가능성은 거의 사라집니다.

| 응용 편

응용 편에서는 자신과 가까운 상대 축 1명뿐만이 아니라 부서나 회사 등 조직에도 큰 가치를 제공할 수 있도록 조사 대상을 더욱 넓혀

나갑니다. 상대 축이 과장이라면, 과장 본인에 대한 것뿐만 아니라 부서(부장)나 회사에 대해서도 간접적으로 조사해나가는 것입니다.

대화 중에 '개인의 과제 → 팀의 과제 → 부서의 과제 → 회사의 과제'로 점차 대상을 넓혀 나가면, 일을 하는 데 있어서 견해가 높아집니다.

"참고로 ⑦, 한 가지 더 여쭤봐도 될까요? 과장님은 회사의 과제가 무엇이라고 생각하고 계신지요? ⑧ 회사 전체의 목표가 ○○이고, 저희 팀은 ××를 중시하면서 진행하고 있는데, 과장님께서 기대하는 바를 확인하면 업무에 더 잘 반영할 수 있을 것 같아서요."

⑦ '참고로'라는 것은 말의 서두를 여는 표현입니다. '솔직히 말해서'와 마찬가지로 대화의 완충재 역할을 하지요. '참고로'는 주로 주제를 바꿀 때 사용합니다.

⑧ 이렇게 전달하면, 과장에게는 자신(과장 본인)의 업무를 개선하는 데 도움이 될 정보를 제공한다는 인식이 생기기 때문에 답변하기 쉬워집니다. 다시 말하지만, 질문을 통해 정보를 끌어내기 위해서는 상대방에게 있어서 답변할 메리트가 있어야 합니다.

이때 이유도 말하지 않고 팀이나 부서의 과제만을 물어보게 되면 '왜 자기가 상사처럼 구는 거지? 내 반응을 떠보려는 건가?'라고 생각하게 만들어 역효과를 낳을 수 있습니다. 중요한 것은 '어디까지나 자신의 업무를 개선하고 싶다'라는 의지를 전달하면서 질문하는 것입니다.

질문할 때의
주의점

질문하는 것을 어려워하는 사람의 대부분은 상대방에게 말 거는 것을 민폐를 끼치는 일이라고 생각합니다.

'말을 걸었을 때 상대방이 귀찮아할까 봐 두렵다', '상대방의 시간을 빼앗아서는 안 된다' 등을 걱정하며 지나치게 눈치를 보다가 한 발짝도 내딛지 못하는 경우가 있습니다.

하지만 이는 크나큰 오해입니다. 지나치게 분위기를 파악하려고 하는 사람은 다음과 같이 머릿속 사전을 업데이트할 필요가 있습니다.

말을 듣는 것 = 상대방이 기뻐하는 일
질문 = 상대방에 대한 관심을 표현하는 행위

이렇게 질문하는 것에 대한 인식 자체를 바꾸시기 바랍니다. 기본적으로 다른 사람으로부터 관심을 받는 것을 성가시다고 생각하는 사람은 드뭅니다. 누구나 자신에게 관심을 가지고 질문해주는 사람이 있으면 기분이 좋기 마련입니다. 물론 놀림이나 소문에 대한 관심은 논외지만, 대화를 나눔으로써 일이 원활하게 진행될 수 있다면 더욱 대화를 나누고 싶어질 것입니다.

또한 상대방과의 대화가 끝났다면 반드시 고마움을 전해야 합니다. 너무나 당연한 일이지만, 매우 중요한 포인트입니다.

"과장님께 상담을 드리니 시야가 넓어진 것 같아요. 관점이 한 단계 높아져 효율적으로 일을 할 수 있을 것 같습니다. 감사합니다. 다음번에 기회가 있다면 또 상담해주시면 감사하겠습니다."

누구든 이런 말을 들으면 뿌듯할 것입니다. 이처럼, 자연스럽게 도와주고 싶은 '귀여운 캐릭터'로 인상을 남기는 것도 중요합니다. 부하 직원으로서 훌륭한 서포터가 되기 위해서는 업무상 호감을 얻는 것이 좋습니다.

이 책에서 소개한 조사 기술은 바로 업무에 적용할 수 있습니다. 하지만 이제 막 배우기 시작하는 초보자가 상사나 고객에게 갑자기 이와 같은 질문 기법을 시도하다보면, 문제가 될 수 있습니다. 제대로 질문을 던지지 못해 당황하거나, 이것저것 질문 공세를 퍼부어 상대방을 불쾌하게 만들면 난감한 상황이 벌어질 수 있습니다.

일단 가까운 선배나 동료에게 시도해보시기 바랍니다. 그러면 상대방의 예상치 못한 속마음을 들을 수 있을지도 모릅니다. 그 속마음을 바탕으로 상대방의 니즈에 맞는 가치를 제공할 수 있다면, 신뢰를 얻게 될 것입니다.

또한 이 같은 대화를 실천할 적절한 타이밍에도 신경을 써야 합니다.

대부분의 상사는 부하 직원이 말을 걸어주기를 기다리고 있습니다. 상대방은 질문을 받는 것만으로도 기뻐할 수 있으니, 질문을 하는 편이 당연히 더 좋습니다.

하지만 말을 걸어서는 안 되는 타이밍도 있습니다. 예를 들어, 상사가 고객의 항의를 처리하느라 정신없는 와중에 말을 걸면 불난 집에 기름을 붓는 격이 될 것입니다. 또한 상사는 당신에게 요청한 업무가 끝나기만을 기다리고 있는데, 전혀 다른 주제로 이야기를 하면 어떨까요? '빨리 요청한 업무나 끝내줘'라고 생각할 것입니다.

적절한 타이밍을 판단하려면, 상대방을 잘 관찰하는 것이 중요합니다. 말을 걸 만한 타이밍은 상대가 편안한 상태거나, 감정적으로 긍정적인 상태일 때입니다. 제가 신입사원이었을 때는, 부장님이 골프 잡지를 펼쳐 보고 있는 타이밍에 말을 걸고는 했습니다. 분명히 긴장을 풀고 있는 상태라는 것을 알았기 때문입니다.

만약 타이밍을 잘못 잡아 상대의 기분을 상하게 했다고 하더라도, 너무 위축되지 않는 것이 중요합니다. 잠깐 말을 걸었는데 상대가 귀찮아하는 분위기가 느껴지면 곧바로 "죄송합니다"라고 말하고 물러

나는 것이 현명합니다.

저는 이렇게 빠르게 물러서는 방식을 '히트 앤드 어웨이(hit and away)'라고 부르고 있습니다. 누구든지 말을 거는 것을 원하지 않는 타이밍이 있기 마련입니다. 상대가 당신에게 질문을 받는 것이 싫은 것이 아니라, 타이밍이 좋지 않을 때 질문을 받는 것이 싫을 뿐입니다.

분위기가 좋지 않을 때는 마음을 돌리고, 다음 기회를 준비하는 것이 좋습니다.

3단계

경쟁자 축 정리하기

목표를 설정하고, 상대 축을 정리했다면, 이제는 '경쟁자 축'을 구축해야 합니다.

진정한 강점을 형성해나가기 위해서는 '상대방이 필요로 하고, 경쟁자가 약하며, 자신이 제공할 수 있는 것'을 찾아야 합니다.

경쟁자가 강한 부분은 피하고, 경쟁자가 약한 부분을 공략하는 것이 중요합니다. 이를 위해 경쟁자의 강점과 약점을 철저히 평가해야 합니다.

1단계 : 목표 설정하기
2단계 : 상대 축 정리하기
3단계 : 경쟁자 축 정리하기
4단계 : 자기 축 정리하기
5단계 : '진정한 강점' 만들기

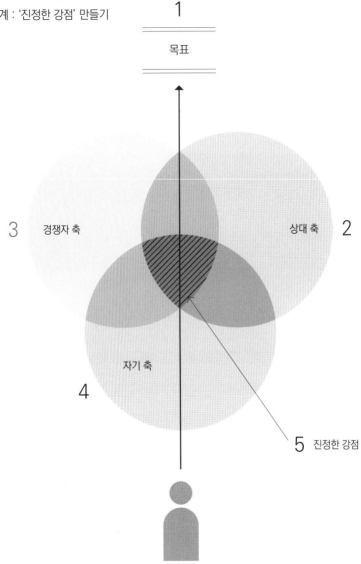

1

목표

3 경쟁자 축

상대 축 2

자기 축

4

5 진정한 강점

경쟁자 축이 될
대상 선택하기

경쟁자 축을 정리할 때는 먼저 경쟁자 축에 해당하는 대상을 구체적으로 설정해야 합니다.

이것은 목표에 따라 달라집니다.

경쟁자 축에 해당하는 대상은, 영업사원의 경우 '경쟁사', 직장인은 '동료', 이직을 준비하는 사람은 '다른 지원자' 등이 될 수 있습니다.

하지만 설정한 목표에 따라서도 경쟁자 축이 달라지며, 경쟁자 축이 바뀌면 조사해야 할 내용도 변하기 때문에 주의해야 합니다.

여러분이 누구에게 가치를 제공해야 목표 달성에 가까워지는가? 상대 축에 동일하게 영향을 미치고 있는 사람은 누구인가? 이러한 관점에서 생각해봅니다.

경쟁자 축의 인원은 5명을 선택하는 것이 좋습니다.

떠오르는 사람이 3명뿐이라면, 3명만 적어도 괜찮습니다. 'OO 씨' 처럼 특정 사람의 이름을 적을 수 있다면 보다 현실적으로 그다음 내용을 생각해볼 수 있습니다.

활동 3-1 경쟁자 축 대상을 선택하자

경쟁자 축이 될 만한 대상

예시

경쟁자 축이 될 만한 대상
사토 씨
야마다 씨
나카무라 씨
사이토 씨
고바야시 씨

고민거리에 대한
해결책 찾기

경쟁자 축이 될 대상을 선택했다면 그다음에는 경쟁자 개개인에 대해 분석해봅시다.

가치의 높낮이는 수요와 공급에 따라 결정됩니다. 여러분이 아무리 뛰어난 가치를 제공해도, 경쟁자가 그 이상의 가치를 제공한다면 승산이 없습니다. 이길 수 없는 싸움은 적극적으로 피하는 것이 비즈니스에서 성과를 내기 위한 중요한 사고방식입니다.

경쟁자의 강점과 약점을 파악하면, 어떠한 곳에서 가치를 제공해야 할지 알 수 있습니다.

상대 축에 대한
접근 방안을 작성한다

경쟁자 축의 강점과 약점을 정리할 때 어떤 측면으로 평가해야 할지 고려할 필요가 있습니다. 어떠한 측면으로 분석하면 좋을지에 대한 정답은 없습니다. 가설을 세우고, 정확도를 높여가면서 진행하면 됩니다.

이상적인 것은 경쟁자 축의 모든 매개 변수(parameter, 파라미터)를 비교해 절대적인 평가를 하는 것입니다. 드래곤 퀘스트(아벨 탐험대)와 같은 RPG(Role-Playing Game) 게임이라면 힘 90, 속도 50, 지혜 80과 같은 정량 평가가 가능할 것입니다.

하지만 비즈니스의 경우는 절대적인 능력만으로 비교할 수는 없습니다. 이때도 '상대방의 시각에서 보면 어떨까?'라는 관점이 중요합니다.

여기서 유용한 것이 활동 2-5(148쪽)에서 작성한 '상대방의 고민거리 상세 목록'입니다. 이 목록을 바탕으로 잠재적인 고민거리를 해결할 수 있는 방안을 구상해봅시다. 한 가지 고민에 대해 1~3개의 대책을 생각해보면 됩니다.

이 같은 접근 방식은 상대방의 고민을 해결하는 데 도움이 됩니다. 상대 축의 잠재적인 고민을 효과적으로 해결할 수 있는 방안을 제시해봅시다.

　해결책이 너무 간단해서 효과가 미미할 것 같은 고민거리는 목록에서 삭제해나갑니다.

　이 과정에서 '내가 할 수 있는가?'라는 판단 기준은 제외해야 합니다. 왜냐하면, 자신의 입장에서 할 수 있는지, 없는지 여부는 상대방의 관점과는 무관하기 때문입니다. 상대방에게 어떻게 도움이 될 수 있는지가 중요한 관점입니다. 자기 축에 대해서는 이후 별도로 다룰 활동에서 평가할 것입니다.

　지금 시점에서는 '상대방의 고민 해결에 효과가 있을까?'라는 관점에서 객관적인 해결책을 제시하는 데 집중해봅시다. 여기서 선택한 항목이 활동 3-3에서 경쟁자의 '강점'과 '약점'을 판단하는 기준이 됩니다.

활동 3-2 상대 축의 고민거리에 대한 해결책을 찾아보자

고민거리 목록	생각할 수 있는 해결책·제안할 수 있는 것

고민거리 목록	생각할 수 있는 해결책·제안할 수 있는 것
문제를 정리할 사람이 없다.	• 문제를 정리&관리해 개선 속도를 높인다. • 팀 내 진척 사항을 공유하는 회의를 늘린다.
업무 절차가 없다.	• 업무 절차를 작성해서 업무를 시각화한다.
재발 방지 대책에 대한 규칙이 없다.	• 재발 방지 대책 규칙을 만든다. • 재발 방지 관리 시트를 작성해 결과를 관리한다.
다른 부서와 연계하는 시스템이 없다.	• 다른 부서와의 회의 시간을 늘린다. • 부서 간에 겹치는 과제가 없도록 시스템을 만든다.
직원들 간의 커뮤니케이션이 부족하다.	• 사내 스터디 모임을 연다. • 회사 내 인사 문화를 강화한다.

효과가 적어 보이는 대책은 마지막에 삭제한다.

경쟁자 축의 강점을
3단계로 평가하기

이번 활동에서는 경쟁자 축의 '강점'과 '약점'을 평가해봅시다.

경쟁자 축에서 약한 부분을 발견했다면, 이는 도전할 만한 가치가 있는 영역입니다. 반대로, 경쟁자 축이 명백히 더 잘하는 부분이라면, 그 일을 해당 경쟁자에게 맡기는 것이 더 효과적입니다. 업무 능력을 절대적으로 평가하기는 어렵기 때문에, 상대적으로 평가해보세요.

각각의 항목에 대해, 자신과 비교해봤을 때, 더 잘할 수 있을지, 비슷한 수준일지, 잘하지 못할지를 평가해봅니다. 여기서는 여러분과 비교해서 어떻게 보이는지 감각적으로 정리하면 충분합니다. 대략적이어도 괜찮습니다. 아래와 같은 관점으로 평가해봅시다.

경쟁자가 자신보다 잘할 것 같음 : ○ (2점)

경쟁자와 비슷한 수준으로 할 것 같음 : △ (1점)

경쟁자가 자신보다 못할 것 같음 : × (0점)

쉽게 판단이 서지 않는 부분도 있을 것입니다. 강점과 약점은 보는 사람에 따라 다를 수 있기 때문입니다. 여러분이 봤을 때 판단이 어렵다면 '△'로 평가하시기 바랍니다. 총점이 낮은 해결책일수록 경쟁자 축이 약할 가능성이 높고, 점수가 높을수록 경쟁자 축이 강하다고 판단할 수 있습니다.

활동 3-3 경쟁자 축의 강점을 평가하자

고민 목록	해결책 제안	경쟁자 축이 될 만한 대상					합계

고민 목록	해결책 제안	경쟁자 축이 될 만한 대상					
		사토 씨	야마다 씨	나카무라 씨	사이토 씨	고바야시 씨	합계
문제를 정리할 사람이 없다.	문제를 정리& 관리해 개선 속도를 높인다.	X	△	X	△	△	3
	팀 내 진척 사항을 공유하는 회의를 늘린다.	X	△	△	○	○	6
업무 절차가 없다.	업무 절차를 작성해서 업무를 시각화한다.	X	○	X	○	○	6
재발 방지 대책에 대한 규칙이 없다.	재발 방지 대책 규칙을 만든다.	X	△	X	○	○	5
	재발 방지 관리 시트를 작성해 결과를 관리한다.	△	△	△	△	△	5
다른 부서와 연계하는 시스템이 없다.	다른 부서와의 회의 시간을 늘린다.	X	X	X	○	○	4
	부서 간에 겹치는 과제가 없도록 시스템을 만든다.	X	X	X	△	X	1
직원들 간의 커뮤니케이션이 부족하다.	사내 스터디 모임을 연다.	△	△	X	△	X	5

경쟁자 축이 강한 대책은 삭제한다.

상대 축을 정리하고, 경쟁자 축에 대한 평가까지 마치면, '상대가 필요로 하면서도 경쟁자가 약한 부분'을 찾을 수 있습니다. 다음 그림에 표시된 것처럼, 상대 축과 경쟁자 축이 교차하는 부분이 '공략 지점'이 됩니다. 이 포인트를 알기만 해도, 상대방에게 가치 있는 제안이나 행동을 할 수 있고, 점차 두각을 나타낼 수 있습니다.

1단계 : 목표 설정하기
2단계 : 상대 축 정리하기
3단계 : 경쟁자 축 정리하기
4단계 : 자기 축 정리하기
5단계 : '진정한 강점' 만들기

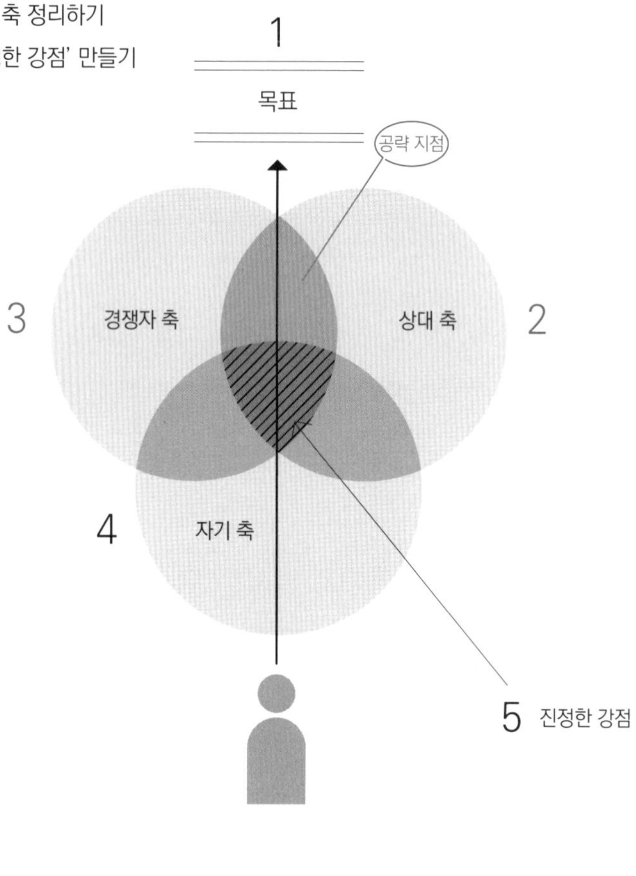

1
목표

공략 지점

3　경쟁자 축　　상대 축　2

4　자기 축

5　진정한 강점

4단계

자기 축 정리하기

'상대가 필요로 하면서도 경쟁자가 약한 부분'이 보이기 시작하면 이제 그 지점에 자기 축을 통합해나갑니다.

기존의 강점 찾기는 자기 분석에 중점을 두지만, 이 책의 '강점 혁명 템플릿'은 상대가 필요로 하는 것에 초점을 맞춘 방법론입니다. '자기 축은 전혀 필요 없다'라고까지는 할 수 없지만, '상대가 필요로 하면서도 경쟁자가 약한 부분'이 있다면, 경험이 없더라도 도전해볼 만한 가치가 있다고 생각합니다. 처음에는 잘되지 않더라도, 장기적으로 보면 이는 '진정한 강점'으로 자리 잡을 가능성이 높기 때문입니다.

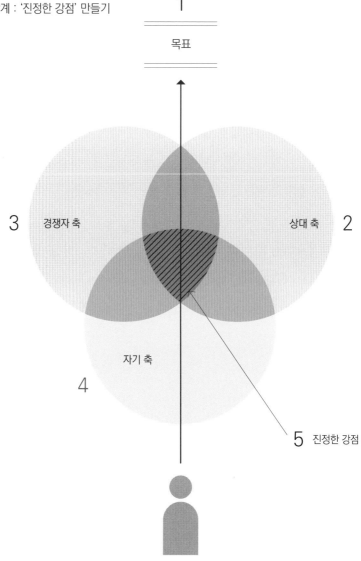

1단계 : 목표 설정하기
2단계 : 상대 축 정리하기
3단계 : 경쟁자 축 정리하기
4단계 : 자기 축 정리하기
5단계 : '진정한 강점' 만들기

1

목표

3 경쟁자 축

상대 축 2

자기 축

4

5 진정한 강점

자기 축
통합

이번에는 상대가 필요로 하는 것과 경쟁자의 약점을 목표로 삼고, 자기 자신의 평가를 결합해 '진정한 강점'에 다가가는 과정입니다.

자기 축 활동은 딱 한 가지입니다. 일부러 가볍게 설정했습니다.

왜냐하면 자기 축에 대해 너무 깊이 생각하다 보면, 깨닫지 못하는 사이에 점점 자기중심적 관점에 무게가 치우칠 수 있기 때문입니다.

자기 축에 대해 생각할 때는 너무 깊게 몰입하지 않는 것도 꽤 중요한 포인트입니다.

이 책을 읽는 여러분들은 지금까지 '자기 분석'이나 '강점 진단' 등을 경험해봤을 것이라고 생각합니다.

따라서 이 책에서는 자기 축 활동을 줄여, 강점의 수렁에 빠지지 않도록 했습니다.

특히 자신에 대해 자신감이 없는 사람은 자신을 부정적으로 받아들이지 않도록 주의해야 합니다.

지금까지 설명한 것처럼, 자신이 '약점'이라고 생각했던 것도 상대 축·경쟁자 축을 바탕으로 생각하면, 충분히 '강점'이 될 수 있기 때문입니다.

경쟁자 축을 평가한 표를 계속 활용하고, 거기에 자신의 관점을 추가해나갑니다.

구체적으로는 상대가 필요로 하는 것 중에서, 경쟁자가 약한 부분에 대해 '나라면 할 수 있을까?'라는 관점에서 평가를 합니다.

여기서는 다음의 기준으로 나눠 평가합니다.

- **할 수 있다.**
- **도전한다.**
- **어렵다.**

이때 흔히 저지르는 실수는 '할 수 있다'와 '하고 싶다', '할 수 없다'와 '하고 싶지 않다'를 혼동해서 생각하는 것입니다.

자신의 호불호를 끌어들이면, 실제로는 할 수 있는 능력이 있을지라도, 하고 싶지 않다는 이유로 피하는 상황이 발생할 수 있습니다.

이렇게 되면 '진정한 강점'을 찾을 수 없게 되고, 성과를 내는 것도 어려워집니다.

어디까지나 냉정하게, 자신을 객관적으로 분석하며 활동에 임하는 것이 중요합니다.

활동 4-1 자기 축을 통합하자

고민 목록	해결책 제안	경쟁자 축이 될 만한 대상					합계	자신

고민 목록	해결책 제안	경쟁자 축이 될 만한 대상						자신
		사토 씨	야마다 씨	나카무라 씨	사이토 씨	고바야시 씨	합계	
문제를 정리할 사람이 없다.	문제를 정리& 관리해 개선 속도를 높인다.	X	△	X	△	△	3	할 수 있다.
	팀 내 진척 사항을 공유하는 회의를 늘린다.	X	△	△	○	○	6	
업무 절차가 없다.	업무 절차를 작성해서 업무를 시각화한다.	X	○	X	○	○	6	
재발 방지 대책에 대한 규칙이 없다.	재발 방지 대책 규칙을 만든다.	X	△	X	○	○	5	어렵다.
	재발 방지 관리 시트를 작성해 결과를 관리한다.	△	△	△	△	△	5	할 수 있다.
다른 부서와 연계하는 시스템이 없다.	다른 부서와의 회의 시간을 늘린다.	X	X	X	○	○	4	할 수 있다.
	부서 간에 겹치는 과제가 없도록 시스템을 만든다.	X	X	X	△	X	1	도전해 본다.
직원들 간의 커뮤니케이션이 부족하다.	사내 스터디 모임을 연다.	△	△	X	△	X	5	할 수 있다.

5단계

'진정한 강점' 만들기

이제 드디어 '진정한 강점'을 만들기 위한 마지막 과정입니다.

이제 조금만 더 노력하면 됩니다.

부디 마지막까지 활동을 완성해봅시다. '자신의 입장은 버리고 상대의 입장에서 생각한다'라는 것을 잊지 마세요. 그렇게 할 수만 있다면 어떤 장소에서든, 어떤 일을 하든, 먹고사는 데 전혀 어려움이 없을 것입니다.

여기서 다시 기억해둬야 할 것은 어디까지나, 목표를 달성하기 위해 '진정한 강점'을 만들어내고 있다는 점입니다.

강점을 키우는 것 자체를 목표로 삼지 마세요. 작업에 몰두하다 보면 이 활동을 왜 진행하고 있는지 잊어버릴 수 있습니다.

목적의식을 갖고 '진정한 강점'을 완성해봅시다.

1단계 : 목표 설정하기
2단계 : 상대 축 정리하기
3단계 : 경쟁자 축 정리하기
4단계 : 자기 축 정리하기
5단계 : '진정한 강점' 만들기

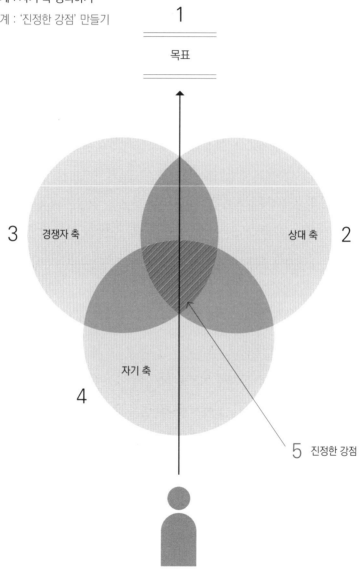

진정한
강점 목록 좁히기

경쟁자 축과 자기 축 평가의 균형을 고려해 그 범위를 좁혀봅시다. 이 과정을 통해 좁혀진 것이 '진정한 강점'으로 활용될 것입니다.

하지만 아직 이 단계에서는 3가지 축의 포인트가 모였을 뿐입니다. '진정한 강점'으로 사용하기 위해 앞으로 다듬어나가야 합니다.

먼저 선택해야 할 것은 경쟁자 축이 약한 것, 즉 총점이 낮은 것입니다.

이는 '상대방이 필요로 하는 것 중에서 경쟁자가 하지 않고 있는 것'이라는 전략에 따라 선택해야 합니다.

만약 선택해야 할 대책이 2~3가지여서 도저히 좁혀지지 않는다면, 다시 기본 원칙으로 돌아가시기 바랍니다. 그런 다음 목표 달성에 가장 큰 영향을 미치는 것이 무엇인지 다시 한번 생각해봅시다.

참고로 여기서 선택되지 않았지만, 평가가 높았던 항목은 남겨두시기 바랍니다.

전략적으로 좁힌 선택지를 바탕으로 실행해봤더라도, 결과적으로 기대와 다르게 느껴질 수 있습니다. 그런 경우를 대비해 언제든 다른 대안을 시도할 수 있도록, 지금까지의 활동 내용은 남겨두는 것이 좋습니다.

고민 목록	해결책 제안	경쟁자 축이 될 만한 대상						자신
		사토 씨	야마다 씨	나카무라 씨	사이토 씨	고바야시 씨	합계	
문제를 정리할 사람이 없다.	문제를 정리& 관리해 개선 속도를 높인다.	X	△	X	△	△	3	할 수 있다.
	팀 내 진척 사항을 공유하는 회의를 늘린다.	X	△	△	○	○	6	
업무 절차가 없다.	업무 절차를 작성해서 업무를 시각화한다.	X	○	X	○	○	6	
재발 방지 대책에 대한 규칙이 없다.	재발 방지 대책 규칙을 만든다.	X	△	X	○	○	5	어렵다.
	재발 방지 관리 시트를 작성해 결과를 관리 한다.	△	△	△	△	△	5	할 수 있다.
다른 부서와 연계하는 시스템이 없다.	다른 부서와의 회의 시간을 늘린다.	X	X	X	○	○	4	할 수 있다.
	부서 간에 겹치는 과제가 없도록 시스템을 만든다.	X	X	X	△	X	1	도전해 본다.
직원들 간의 커뮤니케이션이 부족하다.	사내 스터디 모임을 연다.	△	△	X	△	X	5	할 수 있다.

선택

진정한 강점을
구체적인 언어로 표현하기

자, 이제 드디어 마지막 단계입니다. 여기까지 진행하면서 자기중심적 관점이 아닌 상대 중심적 관점에서 '진정한 강점'을 고민해왔습니다. 아마 자기 자신보다 상대 축과 경쟁자 축을 이렇게까지 깊이 생각해본 경험은 없었을 것입니다.

마지막은 문장으로 정리해봅시다. 지금까지 상대방에게 경쟁자보다 더 큰 가치를 제공할 수 있는 전략을 '진정한 강점'으로 구축해왔습니다.

이를 구체적인 언어로 표현하게 되면, 스스로 이를 명확히 인식하고 행동으로 옮길 수 있습니다.

자, 마무리 단계로 정리한 문장을 여러 번 소리 내어 읽어봅시다.

입 밖으로 소리 내어 반복해 표현함으로써 동기부여가 되는 것 같지 않나요? 그것이 매우 중요한 포인트입니다.

소리 내어 읽으면서 막힘없이 자연스럽게 말할 수 있게 됐을 때, 여러분의 머릿속에 '진정한 강점'이라는 문구가 점점 자리 잡기 시작할 것입니다.

저는,

(기간) : _____ 에,

(어떤 것) : _____

_____

것을 목표로 삼겠습니다.

(상대) : _____ 에 대해서,

(가치 제공) : _____

이라고 하는 가치를 제공하겠습니다.

예시

저는,

(기간) : _____ 1년 안 _____ 에,

(어떤 것) : 상사, 동료, 부하에게 의지가 되는 사람이 되고, 야근 시간을 월 45시

간으로 줄이며, 성과급 평가에서 A등급을 받을 _____

것을 목표로 삼겠습니다.

(상대) : 스즈키 과장님의 '납기가 지연되고 있는 것'에 대한 고민 에 대해서,

(가치 제공) : 부서 간에 겹치는 과제를 없애는 시스템 구축 _____

이라고 하는 가치를 제공하겠습니다.

수고 많으셨습니다.

이로써 '진정한 강점'을 구체적인 언어로 표현하는 작업이 완료됐습니다. 이제 상대 중심적 관점을 바탕으로 효과적으로 일할 수 있는 기반이 마련됐습니다.

이제부터는 '진정한 강점'을 바탕으로 행동하고, 상대 축 대상에게 여러분만의 가치를 제공해 유일무이한 존재로 거듭나시길 바랍니다.

'내가 무엇을 할 수 있을까?'가 아니라 '상대방에게 무엇을 해줄 수 있을까?'라는 사고방식이 한번 자리 잡으면 더 이상 두려울 것이 없습니다.

이번 활동에 어려움을 느끼신 분도 분명 계실 것입니다. 하지만 '진정한 강점'을 구축하는 과정 자체가 상대 중심적 관점에서 생각하는 훈련이기 때문에, 도전 그 자체만으로도 큰 가치가 있습니다.

'진정한 강점'을 완성하는 것도 중요하지만, 상대방의 문제를 어떻게 해결할 수 있을지 고민하는 과정은 여러분의 사고를 자기중심적 관점에서 상대 중심적 관점으로 전환할 좋은 기회가 됩니다.

저는 가족이나 친구에게 선물을 할 때, 항상 주의를 기울이는 것이 있습니다. 그것은 바로 '내가 좋아하는 것'이 아니라 '상대방이 좋아하는 것'을 선물하자는 것입니다.

이렇게 말하면 '선물인데 당연히 상대방이 좋아하는 것을 줘야 하는 거 아닌가?'라고 생각할 수 있지만, 의외로 많은 사람들이 '내가 좋아하는 것'과 '상대가 좋아하는 것'을 혼동하고 있습니다. 무의식적으로 '내가 좋아하니까 상대방도 좋아할 거야'라고 생각하며, 자신이 좋아하는 것을 선물로 고르는 경우가 많지요.

하지만 '나는 좋아하지만, 상대방은 싫어하는' 선물도 분명히 있을 것입니다.

상대방 입장에서는 일방적으로 취향을 강요받는 것보다 "○○ 씨가 이걸 좋아한다고 들어서 사 왔어요"라며 선물을 받는 편이 100배 더 기쁠 것입니다. '내 생각을 해줬구나'라고 상대방의 마음이 전해지기 때문이지요.

상대방을 기쁘게 할 수 있는 가치를 제공하려면, 조사를 통해 상대방에 대해 아는 것이 필수적입니다.

일에 있어서도 마찬가지입니다.

일을 잘하는 사람은 자기중심적이지 않고, 항상 상대방 중심으로 일을 합니다. 상대방이 만족할 것을 생각하고 행동하기 때문에 모두에게 인정을 받는 것입니다.

하지만, 앞서 말했듯이 상대 축을 생각하는 것만으로는 충분하지 않습니다. 당신이 가치를 제공하려는 상대방은 분명 당신 이외의 다른 사람에게서도 영향을 받고 있기 때문입니다. 따라서 다른 사람들과는 다른 접근 방식을 취하기 위해 경쟁자 축의 관점이 중요해집니다.

이와 관련해, 다음과 같은 유명한 말이 있습니다.

"예쁜 여자를 꼬시려고 할 때 라이벌인 남자가 장미 10송이를 준비한다면 당신은 15송이를 준비할 것인가?
그런 생각 때문에 지는 것이다."

즉, 다른 사람들과 동일한 가치를 제공하면, 상대방의 마음에 와닿지 않는다는 것입니다. 경쟁자보다 장미꽃 수가 많다고 해서 해결되는 문제가 아닌 것입니다.

경쟁자를 이기고 싶다면, 상대 여성이 바라면서도 다른 남자들이 생각하지 못하는 것을 준비해야 합니다. 이것이 상대 축과 경쟁자 축을 결합하는 것(상대방이 바라는 것 중에서 경쟁자가 약한 부분을 공략하는 것)을 의미합니다.

거듭 강조하지만, 자기중심적 관점이 아니라 상대 중심적 관점에서 생각하는 것이 중요합니다. 항상 상대 측 입장에서 바라보고, 경쟁자를 의식하면서 가치를 제공해보세요. 이것만으로도 "당신과 함께 일하고 싶다"라는 말을 듣게 될 것입니다.

또한, '진정한 강점'은 한 번 만들고 끝내는 것이 아닙니다.

목표를 달성했을 때를 예로 들어봅시다. 목표를 달성하면 또 다른 새로운 목표가 생길 것입니다.

그때마다 새로운 목표를 이루기 위한 '진정한 강점'을 키워낼 필요가 있습니다.

그 외에도 상대 축이 바뀌었을 때, 경쟁자 축의 인물이 교체됐을 때, 자신의 능력이 변화했을 때, 조건이 변했을 때 등 상황이 변할 때마다 새롭게 '진정한 강점'을 형성해야 합니다.

이때는 지금까지 소개한 활동을 순차적으로 따라가며, '진정한 강점'을 만들어가면 됩니다. 매번 활동지에 기록하는 것이 번거롭게 느껴질 수 있습니다. 하지만 걱정할 필요는 없습니다. 익숙해지면 짧은 시간 안에 '여기를 공략하면 되겠지?'라는 포인트가 보이기 시작할 것입니다.

그 정도 수준에 도달하면, '진정한 강점'을 활용하는 사고방식이 완전히 몸에 익었다고 볼 수 있습니다.

이렇게 되면 직장 내에서 부서를 옮기거나, 이직하거나, 거래 상대가 바뀌거나, 심지어 독립해 창업을 하더라도 새로운 환경에서 빠르게 '진정한 강점'을 만들어내고, 이를 통해 성과를 내는 과정이 어렵지 않게 느껴질 것입니다.

지금까지 '강점'을 절대적인 자기 축이라고 생각했던 분들이 많았을 것입니다.

하지만 비즈니스 현장에서 활약하는 사람 중에는 재능 넘치는 카리스마형만 있는 것이 아닙니다. 오히려 서포터형이 더 다양한 환경에 대응할 수 있기 때문에 성과를 낼 수 있는 폭도 매우 넓습니다.

주변 사람들이 필요로 하고, 자신의 행동이 기쁨을 줄 수 있는 환경에 있다면, 어떤 일을 하든지 보람을 느끼게 됩니다. 그렇게 되면 이제는 '하고 싶은 일이 없다'라는 고민이나 '나만의 가치를 만들어야 한다'라는 조급함에서 벗어날 수 있게 될 것입니다. 이것이야말로 평생에 걸쳐 사용할 수 있는 강점 구축법입니다.

부디, 일하는 내내 최적의 '진정한 강점'을 키워서, 효과적으로 업무에 임하시길 바랍니다.

'강점 혁명 템플릿' 전체 개요

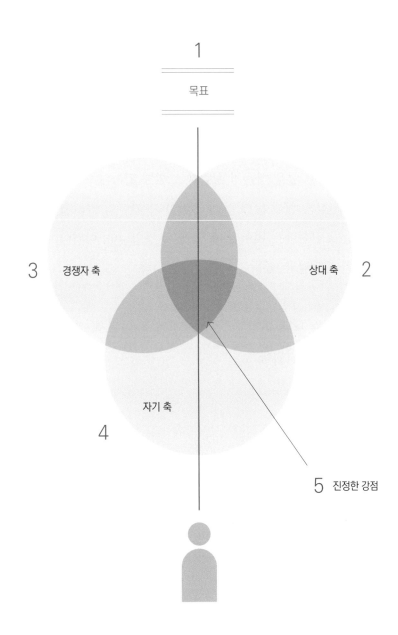

1단계. 목표 설정하기

활동 1-1. 이상과 현실 파악하기
활동 1-2. 성장 이미지 역으로 계획하기
활동 1-3. 목표 설정하기

2단계. 상대 축 정리하기

활동 2-1. 누구를 상대 축으로 할지 정하기
활동 2-2. 상대방의 고민거리에 대한 해상도 높이기
활동 2-3. 상대방의 고민거리와 이상적인 상태 파악하기
활동 2-4. 잠재적인 고민거리 발견하기
활동 2-5. 상대방의 고민거리를 목록으로 정리하기

3단계. 경쟁자 축 정리하기

활동 3-1. 경쟁자 축이 될 대상 선택하기
활동 3-2. 고민거리에 대한 해결책 찾기
활동 3-3. 경쟁자 축의 강점을 3단계로 평가하기

4단계. 자기 축 정리하기

활동 4-1. 자기 축 통합

5단계. '진정한 강점' 만들기

활동 5-1. 진정한 강점 목록 좁히기
활동 5-2. 진정한 강점을 구체적인 언어로 표현하기

제4장

진정한 강점을
발견한 후부터가
진짜 시작이다

'강점'은 평소에 개선해나간다

어떠셨나요? '진정한 강점'을 잘 정리할 수 있었나요?

책을 한번 읽고 나서 바로 강점을 발견한 분도 계실 것이고, 그다지 와닿지 않거나, 여전히 자신감이 없다는 분도 계실 것입니다.

잘 와닿지 않아도 괜찮습니다. '진정한 강점'은 한번 찾고 끝나는 것이 아닙니다. 실제로 테스트해보고 지속적으로 개선해나가는 것입니다.

저는 '모든 것은 테스트'라고 여기는 마음가짐을 중요하게 생각합니다.

우선 지금까지 도출한 결론을 토대로 행동해봅시다. 직장이나 일상에서 '진정한 강점'을 발휘해보는 것입니다. 직접 시도해보겠다는 결심이 중요합니다.

그 행동이 상대방에게 도움이 된다면, 상대방은 만족할 것이고, 평소보다 더 감사함을 느낄 것입니다. 그 결과 현재 속한 환경에서 점점 편안함을 느끼고 경쟁력을 갖추게 될 것입니다.

하지만 이처럼 쉽게 만족할 만한 결과가 나올 것이라고는 장담할 수 없습니다. 행동에 옮겼지만 상대방의 기대에 미치지 못해 아무런 변화가 없을 수도 있습니다. 그래도 모든 것은 테스트입니다. 실패해도 괜찮습니다.

저 역시 실패할 때가 있습니다. 상대방이 곤란해하고 있다고 생각해 문제 해결에 도움을 줬지만, 예상외로 기뻐하지 않는 경우도 자주 있습니다. 하지만 실패했다면 접근 방식을 바꾸면 그만입니다.

상대방의 고민도 시간이 지나면서 조금씩 변합니다. 오늘 잘됐다고 해서 내일도 같은 방식이 통할 것이라는 보장은 없습니다. 그래서 몇 가지 강점을 상황에 따라 나눠 사용하면서 유연하게 행동을 변화시키는 것이 중요합니다.

'방법을 결정하기 → 테스트해보고 결과를 되돌아보기 → 잘되지 않을 때는 방법을 바꿔보기 → 수정한 방법으로 다시 테스트해보기' 이런 사이클을 반복하면서 유연하게 접근해보세요. 이는 업무나 개인적인 성장을 위해 중요한 과정입니다.

덧붙여, 진정한 강점을 발휘하려고 해도 어느새 행동의 축이 흔들리는 경우가 있습니다. 자신이 설정한 목표와 설정한 기간도 잊기 쉽고요. 예를 들어, 목표는 6개월 후인데, 2~3일 동안 행동해보고 변화가 없다고 바로 포기하는 경우입니다. 하지만 이렇게 바로 포기하지 마시기 바랍니다.

몇 번의 행동으로 목표에 도달할 수 있다고 착각하는 경우가 있습니다. 이것은 꾸준히 행동하지 못하는 사람들에게 공통적으로 나타나는 특징입니다.

그 밖에도, 큰 실수를 저지르고 정신적으로 위축된 경우에 '3가지 축'이라는 관점을 잃기 쉽습니다. '주변이 보이지 않는다'라는 말이 바로 이러한 상황을 가리킵니다.

주변이 보이지 않을 때는 일단 침착하고 냉정해지기를 기다리는 것이 중요합니다. 침착해진 상황에서 냉정하게 3가지 축을 다시 살펴보고 '진정한 강점'을 되돌아보시기 바랍니다.

실제로 업무할 때 '진정한 강점'을 사용할 수 있을지는 여러분의 행동에 달려 있습니다. 일단 결정을 내렸다면, 열심히 행동해보세요. 머릿속에서만 생각했던 '진정한 강점'을 체험을 통해 납득할 수 있는 것으로 변화시켜 나가봅시다.

자신의 의지로
행동하는 것이 중요하다

진정한 강점을 개선해나가는 데 있어서 가장 중요한 것은 어디까지나 자신의 의지로 결단을 내리는 것입니다.

요즘 사회에서는 쉽게 정답을 찾으려는 사람들이 많습니다. 무엇인가 불안한 일이 있으면 바로 인터넷으로 검색해 손쉽게 '정답'을 찾으려고 합니다. 제시된 답을 그대로 받아들이고 쉽게 납득해버리는 경향이 점점 더 심해지는 것 같습니다.

하지만, 쉽게 정답을 찾는 것이 정말 좋은 것일까요? 저는 항상 의문을 품고 있습니다.

쉽게 정답을 찾으려고 하면 다른 사람의 의견에 휘둘릴 위험이 있습니다. '누군가가 올바른 답을 알려주기 때문에, 나는 깊이 생각하지 않아도 된다'라고 착각하면서, 점차 다른 사람의 답을 얻지 않으면 행동할 수 없는 사람이 되어가는 것이지요.

하지만, 정말 중요한 것은 자신의 머리로 생각하고 행동하는 것입니다. 다른 사람의 의견에 무조건 따르기보다는 자신 스스로 가설을 세우고, 그 가설을 검증해나가는 사람이 계속해서 성장할 수 있지 않을까요?

진정한 것은 직접 해보지 않으면 알 수 없습니다. 시행착오를 겪으며 자신의 힘으로 정답에 다가가는 과정에 인생의 참된 묘미가 있지 않을까요?

다른 사람이 시켜서 한 일이라면, 결과가 좋아도 자신감은 가질 수 없습니다.

자신이 직접 가설을 세우고, 테스트를 해보고, 잘됐을 때 비로소 자신감을 얻게 됩니다.

설령 한두 번 정도 잘되지 않더라도 '내가 직접 검증하고 있다'라고 자각하고 있는 한, 자신감을 잃을 필요는 없습니다. 스스로 세운 가설을 따라야, 납득하면서 앞으로 나아갈 수 있습니다. 정신적으로도 건강하고요.

다른 사람에게 조언을 구하는 것도 괜찮지만, 어디까지나 다른 사람의 의견은 참고만 하고, 스스로 '진정한 강점'을 찾아가는 것이 중요합니다.

이 책 역시 여러분에게 '이 행동을 하면 성공할 수 있습니다'라는 최종적인 답을 제시하고 있지는 않습니다.

책에서는 성과를 내는 사고방식을 갖추기 위한 작은 단서를 제공할 뿐입니다.

실제로 무엇을 해야 할지 생각하고 실행하는 것은 여러분 자신입니다.

무엇이 상대방에게 도움이 될 수 있을지, 무엇을 하면 상대방을 기쁘게 할 수 있을지, 자기 머리로 계속해서 생각하는 습관을 쌓아가면, 스스로 인생을 개척해나갈 수 있게 될 것입니다.

인생 경험을
늘리자

  자기 축의 모든 특징들은 '진정한 강점'이 될 가능성이 있습니다. 그렇게 생각하면, 인생 경험은 풍부할수록 좋습니다.

  인생 경험이 많으면 많을수록 손에 쥔 패가 많아지고, 패가 많을수록 상대방의 요구에 따라 다양한 성과를 제공할 수 있게 되기 때문입니다.

  자신의 능력을 보완하기 위해 업무 현장에서 다양한 경험을 쌓는 것이 가장 효율적입니다. 엑셀이나 워드를 능숙하게 사용하고, 부하 직원을 관리한 경험이 있으며, 실무에서 영어를 사용한 적이 있고, 상품 개발에 참여한 경험이 있는 사람은, 그러한 경험이 없는 사람보다 상대방에게 더 많은 도움을 줄 가능성이 높다는 것은 말할 필요도 없겠지요.

  하지만, 세상은 합리성이나 효율성만으로 돌아가지 않습니다. 전혀 쓸모없어 보이는 경험조차도, 업무에 도움이 되는 경우가 많습니다. 어떤 경험이 나중에 도움이 될지 예측하기란 거의 불가능합니다.

예를 들어, 개인적으로 아이와 여행을 갔던 경험이 어떤 상품을 개발할 때 힌트가 될 수 있습니다. 그렇다고 해서 처음부터 '상품 개발에 도움이 되겠다'라는 생각으로 여행을 떠나는 사람은 없을 것입니다. 또한, 업무에 도움이 될 것이라고 기대하고 특정 경험을 한다고 해서 원하는 결과를 얻는다는 보장도 없습니다.

따라서 개인적인 시간에도 다양한 것들에 도전하며 자신의 폭을 넓혀 두는 것이 중요합니다.

돈을 내고 배우는 것만이 자기 투자는 아닙니다. 돈을 들이느냐, 들이지 않느냐에 관계없이, 어쨌든 해보지 않은 것들을 계속 접해봐야 합니다. 경험을 늘리면 그만큼 소재가 많아진다는 간단한 논리입니다.

새로운 경험에 도전하는 동시에, 기존에 잘하던 일에서도 성과를 꾸준히 쌓는 것이 중요합니다. 저는 이를 가리켜 '양손잡이 성장'이라고 부르고 있습니다.

경험하지 못한 분야에 새롭게 도전하는 것을 '0을 1로 만드는 행동'이라고 한다면, 경험이 있는 분야에서 실적을 쌓아가는 것은 '1을 100으로 만드는 행동'에 비유할 수 있습니다. 어느 한쪽이 더 중요하다는 것은 아닙니다. 2가지 모두 중요합니다. 이 2가지 측면을 의식하며, 자신의 폭을 넓혀 나갈 필요가 있습니다.

경험하지 못한 분야는 일단 발 빠르게, 가볍게 시도해보는 것이 중요합니다. 새로운 경험을 하고, 무엇이라도 실적을 낼 수 있거나, 지속할 수 있는 일이라면 꾸준히 해나가면 됩니다.

한쪽으로 치우치는 경우는 바람직하지 않습니다. 무턱대고 새로운 도전만 계속하게 되면 상대방에게 도움이 될 가능성은 낮을 것입니다. 또한, 한 분야에서만 실적을 계속 쌓아도 상대가 원하는 것에 딱 맞지 않으면, 그 실적을 활용할 수 없습니다.

요즘은 책을 통해 지식 자산을 늘리는 것뿐만 아니라, 직접 도전하며 체험 자산을 늘릴 기회도 많아졌습니다. 단순히 이론적으로 아는 것보다, 직접 경험한 것을 바탕으로 이야기하는 것이 훨씬 가치 있습니다. 체험 자산의 중요성을 꼭 명심하세요.

직장이 아닌
외부 커뮤니티에 참가한다

앞서 설명한 내용과도 관련되지만, 자기 축을 강화하기 위해서는 직장이 아닌 외부 커뮤니티에 참여하는 것을 추천합니다.

한 커뮤니티에만 속해 있으면, 자신의 강점을 제대로 살릴 수 있는지 확신을 가지기 어렵기 때문입니다. 외부 커뮤니티에 참여하면 넓은 시야로 자신의 강점을 파악해볼 수 있습니다. 그로 인해 새로운 관점도 발견할 수 있습니다.

예를 들어, 직장에 다니던 시절 'IT 기술'은 저에게 완전히 약점이었습니다. 하지만 창업가들이 모이는 커뮤니티에 참여했더니, 저는 일순간에 'IT에 정통한 사람'이 되어 있었습니다. 기초적인 지식을 공유했을 뿐인데, 'IT의 신'처럼 대우받았던 적도 있었습니다.

강점은 상대적인 것입니다. 환경을 바꾸는 것만으로도 약점은 강점으로 바뀔 수 있습니다. 따라서 직장인이라면, 필수로 직장이 아닌 외부 커뮤니티에 참여해보시기 바랍니다. 한 군데가 아니라 두세 군데 등 여러 커뮤니티에 속할수록 좋습니다.

직장 밖 사람들과 교류하면 경험의 폭을 넓히는 데 큰 도움이 됩니다. 적극적으로 여러분이 잘 모르는 분야의 사람들과 소통하며, 그들의 경험을 배우는 것이 중요합니다.

다른 사람과 대화하는 것이 어렵고, 커뮤니티에 참여하는 것이 망설여진다면, 우선 온라인에서 커뮤니티 구성원들의 활동을 살펴보는 것부터 시작해봅시다.

오늘날에는 많은 커뮤니티가 SNS에 활동 내용을 공개하고 있습니다. 이러한 정보를 참고하면 자신에게 맞는 커뮤니티를 찾아 가입할 수 있고, 점점 다양한 커뮤니티에 참여하는 진입 장벽이 낮아질 것입니다.

덧붙여서 말씀드리자면 SNS로 정보를 수집할 때는 주의할 점이 있습니다. 바로, 폭넓은 정보를 파악하려는 자세가 중요하다는 것입니다. 오늘날은 관심 있는 정보가 쉽게 제공되는 시대입니다. 예를 들어 제가 유튜브에서 골프 영상을 시청하면, 관련된 골프 영상들이 여러 개 추천됩니다. 추천 기능은 편리하고, 잘 활용하면 골프에 더 정통해질 수 있습니다.

한편으로는 골프 영상만 계속 시청하면, 관심사가 한쪽으로 치우치는 부작용도 있습니다. 흥미나 관심사가 한쪽으로 치우지면 상대에게 도움이 되는 가치를 키우는 데는 방해가 될 수 있습니다.

따라서 의식적으로라도 자신이 모르는 세계의 정보를 접하려는 자세가 중요합니다.

독서를 할 때도, 일부러 평상시 자신이 읽지 않는 장르의 책을 읽어보는 것이 좋습니다. 다른 업계의 사람들이 추천하는 책을 소개받는 것도 좋은 방법이지요.

SNS에서 정보를 접할 때도, 자신과 비슷한 속성의 사람들뿐만 아니라, 일부러 전혀 접점이 없는 사람들의 의견을 확인해보는 것도 좋은 방법입니다.

싫어하는 일이라도
자신의 인생에 연결시킨다

세상에는 '좋아하는 일을 하면서 살아가자', '잘하는 일을 목표로 삼는 편이 더 행복하다'라고 말하는 사람들이 있습니다. 그런 주장을 하는 사람 중에 실제로도 좋아하는 일을 하며, 즐겁게 생활하는 사람도 있습니다.

'좋아하는 일로 돈을 벌 수 있다면 행복하지 않겠어?'라는 말에 저도 동의합니다.

좋아하는 일만 하면서 살아가는 사람은 최강입니다. 구체적인 이름을 언급하자면, 호리에몬*같은 사람이지요.

확실히 좋아하는 일은 성장의 원천이 됩니다. 장기적으로 봤을 때,

---

* 호리에몬 : 호리에 다카후미·堀江 貴文, 전 라이브도어 사장. 진정 자신이 원하는 일을 하며 인생을 즐기라고 주장한 인물로, 국내에 번역된 그의 저서로는 《가진 돈은 몽땅 써라》 등이 있다. -역자 주.

좋아하는 일을 목표로 삼는 것은 중요한 자세일지도 모릅니다. 하지만 그렇게 간단하게 '좋아하는 일 한 가지'로 목표를 좁혀도 괜찮을까요?

냉정하게 생각해봅시다. '좋아하는 일', '잘하는 일'만으로 살아갈 수 있는 사람은 극소수에 불과합니다. 애초에 자신이 좋아하는 일을 찾지 못한 사람도 수두룩하지요.

좋아하는 일을 찾지 못한 사람에게 '좋아하는 일로 먹고살아라'라고 말하는 것은 잔인함을 넘어 잘못된 조언입니다.

저 역시 직장인일 때는 '좋아하는 일'이 무엇인지 잘 몰랐습니다.

알지 못하는데도 '좋아하는 일을 하며 살아가고 싶다'라는 말을 동경했습니다. 하지만 어떻게 해야 할지 잘 몰랐습니다.

그러던 중, 앞서 언급한 것처럼, 어느 순간 '어려움에 처한 사람을 발견하고 응원하는 길'도 있다는 것을 알게 됐습니다. 다른 사람을 응원하는 일을 시작한 것을 계기로, 창업 후에도 다양한 사람들로부터 일을 의뢰받게 됐고, 지금에 이르렀습니다.

지금의 저는 마케팅 컨설턴트로서의 업무가 너무 좋습니다. 하지만 처음부터 좋아서 이 일을 해왔던 것은 아닙니다. 생각해보면, 의뢰인이 기뻐하고 이 일이 수입으로도 연결되기 때문에 좋아하게 된 것일지도 모르겠네요.

그래서 좋아하는 일을 찾지 못한 분은 물론, 지금보다 조금 더 자신의 존재 가치를 높이고 싶으신 분, 조금이라도 업무 생산성을 올리고 싶으신 분, 미래에 대한 불안을 조금이라도 해소하고 싶은 분이라면, 어렵거나 싫어하는 일에 도전해보는 것이 좋습니다.

특히 직장에서는 상사로부터 무리한 요구나 어려운 일, 싫은 일을 맡게 되는 경우가 많습니다. 그런 상황에서 "저는 못하는데요"라고 거절해버리면, 평생 성장은 물 건너간 셈입니다.

중요한 것은 '상사는 내가 할 수 있을 것 같아서 맡긴 것일 테지. 밑져야 본전이니 한번 해보자!'라는 마음가짐으로 주어진 일에 대응해 나가는 힘입니다.

이렇게 주어진 일을 어떻게든 해내는 과정에서 다양한 능력을 얻게 됩니다. 능력이 쌓이면, 제공할 수 있는 가치가 증가하고요.

그 결과, 더욱 많은 업무를 맡을 수 있게 됩니다. 즉, 일에 이리저리 휘둘리는 상황이 오히려 자신의 성장을 도울 수 있습니다.

그러니 주위 사람들이 무리한 요구를 하더라도 대응해보고, 싫어하는 일, 어려워하는 일도 경험하며 여러분의 역량을 키워나가 보시길 추천합니다.

앞서 언급했듯이, 제 경우 입사 후 실시한 프로그래밍 연수 성적은 최하위였습니다. 엔지니어로서의 일은 저에게 상당한 스트레스였지요.

어쩔 수 없이 컴퓨터 설정 같은 잡무를 맡아서 했는데, 당시에는 '이런 일은 누구나 할 수 있는 일', '뒤처져서 하고 있을 뿐'이라고 부정적으로 생각했습니다.

하지만 당시에는 잡무로 느껴졌던 컴퓨터 설정과 같은 일이 창업 후 주변 사람들을 서포트할 때 큰 도움이 됐습니다. 지금 돌이켜 보면, 싫어하고 잘하지 못하는 일을 했던 것이 천만다행이라고 생각합니다.

'하고 싶다·하고 싶지 않다', '나에게 맞는다·맞지 않는다' 같은 것에 너무 집착하다 보면, 점점 자기중심적인 관점을 갖게 됩니다. 서포터 유형인 사람의 경우, 자신의 입장만을 생각하기 시작하면 실패할 위험이 높아질 뿐입니다.

지금 하고 있는 일이 재미없다고 느껴지더라도, 하고 싶지 않다는 생각이 들더라도, 오로지 상대에게 도움이 될지 여부만 생각하시기 바랍니다. 언젠가 '재미없었던 일'이 미래의 자신에게 도움이 될지도 모릅니다. 어쨌든, 상대에게 도움이 되고 있으면, 자신만의 자리도 반드시 발견할 수 있을 것입니다.

불안을 해소하는
가장 좋은 처방전은 '안도감'

저는 이 책을 통해 '진정한 강점'을 만들어내고, 자신이 설정한 목표를 실현하는 분들이 많아지기를 진심으로 바라고 있습니다.

목표는 사람마다 다릅니다. 희망하는 회사에 입사하는 것이 목표일 수 있고, 독립해 창업하고 연 수입을 크게 올리는 것이 목표일 수도 있습니다.

하지만 이처럼 눈부신 성과를 올리는 것만이 중요한 것은 아닙니다. 이 책을 통해 독자분들이 꼭 얻어가길 바라는 것은 '나는 이 방법으로 나아가면 된다'라는 안도감입니다.

그 이유는, 빠르게 변화하는 상황 속에서 현대인들은 큰 불안감을 지닌 채 자신감을 잃고 있기 때문입니다.

저 역시 20대에는 자기 평가가 굉장히 낮은 사람이었습니다. 학창 시절, mixi(믹시)라는 한 소셜 네트워크를 사용할 때 닉네임은 '헤타레 다나카(겁쟁이 다나카)'였습니다.

'무엇을 해도 남들보다 못하다'라는 자기 인식을 단적으로 표현한 것이 '겁쟁이'라는 말이었습니다. 당시 제가 얼마나 소심한 사람이었 는지 상상이 가시겠지요?

'지금의 내 상태로는 부족하다', '강점을 찾지 못하면 살아남을 수 없다'라는 불안감은 사람의 잠재력을 해칩니다.

불안하면 자신감을 갖고 행동할 수 없게 되고, 자신감을 가지고 행 동하지 못하면 결과가 어중간해지며, 결과가 나오지 않으니 더욱 불 안해지는 악순환에 빠져버리게 되는 것이지요.

이와는 반대로, 3가지 축을 바탕으로 '진정한 강점'을 만들어내는 습관이 몸에 배면 어떨까요? 무엇인가 행동할 때 '이 방향으로 가면 된다'라는 방향성이 정해져서 불안감이나 망설임이 사라지게 됩니다.

내 자신을 긍정적으로 받아들일 수 있게 되고, 현재 속한 환경에서 자신만의 자리를 찾을 수 있게 됩니다. 이러한 안도감은 매우 큰 가치 가 있다고 생각합니다.

작은 성과를
하나씩 쌓아가자

안도감을 얻었다면, 작은 성과를 하나씩 쌓아가시길 바랍니다.

한꺼번에 화려한 성과를 내는 것이 아니라, 작고 소박한 성과를 꾸준히 쌓아가면, 하나하나의 성과는 작을지라도 최종적으로 큰 성과를 달성할 수 있습니다.

제가 좋아하는 만화 중에 《베이비 스텝(Baby Steps)》이라는 작품이 있습니다.

이 작품은 정통 테니스를 주제로 한 소년 스포츠 만화로, 주인공이 테니스를 시작하고 성장하는 과정을 그린 이야기입니다.

보통 스포츠 만화는 월드컵이나 전국 대회 우승 같은 큰 목표를 향해 나아갑니다. 그 과정에서 여러 좌절과 갈등을 겪으며 성장하는 스토리가 정석입니다.

하지만 이 작품은 주인공의 목표가 매우 '별 볼일 없는 것'이라는 점이 독특합니다.

주인공은 '나는 꼭 4대 메이저 테니스 대회에 출전하겠다'와 같은 거창한 목표를 세우지 않습니다. 자신감이 넘치는 카리스마형 캐릭터도 아니고요.

굳이 고르자면, 오히려 내성적이지만, 작은 성과를 하나씩 쌓아가며 자신감을 키우는 유형의 캐릭터입니다.

주인공의 이러한 태도에 깊이 공감합니다. 직장인 시절, 저 역시 '척척 성과를 내서 누구보다도 먼저 인정받고 싶다'라는 목표를 세우지 않았습니다. 창업 후에도 '몇십억 원을 벌어서 압도적으로 성공해 보이겠다'라며 야망을 품었던 것도 아니었고요.

다만, 3가지 축을 신경 쓰면서(처음에는 그렇게 체계적으로 생각했던 것은 아니었지만 말이지요), 상대에게 꾸준히 도움을 준 결과, 어느새 비즈니스에서 큰 성과를 올리게 됐고, 회사를 성장시킬 수 있었습니다.

따라서 독자 여러분들도 처음부터 너무 부담을 갖지 말고, 자신이 해야 할 일을 찾아서 꾸준히 성과를 쌓아나가시길 바랍니다. 3가지 축을 바탕으로 행동한다면, 인생에서 큰 실패를 겪을 일은 많지 않을 것입니다.

성과는 사람이
만들어내는 것이다

이 책도 이제 끝을 향해 가고 있습니다. 여기서는 지금까지 나온 이야기를 다시 한번 정리하고자 합니다.

몇 번이고 반복하고 싶지만, 제가 강조하고 싶은 것은 '결국, 성과는 누군가가 가져다주는 것'이라는 점입니다.

아무리 자신이 노력하고 있고, 실력이 있다고 생각하더라도, 다른 사람이 그것을 성과로 인정해주지 않으면 의미가 없습니다. 반대로, 실력이 없고 큰 노력을 하지 않았더라도, 다른 사람이 성과로 인정해주면 그것은 훌륭한 성과라고 할 수 있습니다.

이 책에서 가장 강조하고 싶은 것은, '자기중심적 관점을 버리고 상대 중심적 관점을 손에 넣어라!'라는 것입니다.

중요한 것은 상대가 무엇을 필요로 하는지, 그리고 어떻게 해나가고 싶은지 입니다. 그것을 알고 난 후에, '저는 그것을 응원해드릴 수 있어요'라는 의지를 보이면, 반드시 선택받는 존재가 될 수 있습니다.

혹시 독자 여러분들 중에는 '상대에게 도움이 되기 위해 행동하는 것은 너무 노골적이고 계산적이다', '주변에서 자기 어필하는 것을 부담스럽다고 생각하면 어쩌지?'라고 불안해하시는 분도 계실 테지요. 하지만 제가 제안하는 것은 어디까지나 여러분의 목표 달성을 위해, 상대방과 윈-윈(win-win) 관계가 되자는 것입니다. 쓸데없는 자의식에 휘둘려서 소중한 기회를 망치는 것은 이제 그만둬야 할 때입니다.

자기 어필은 계산적인 행위도, 부끄러운 행위도 아닙니다. 상대방에게 영향을 주려고 할 때 반드시 해야 할, 지극히 정당한 행위입니다. 상대방이 나를 인식하지 않으면 아무것도 시작되지 않습니다. 어떤 상품이든, 고객이 실제로 알고 있고 만져보거나 사용해보거나 체험하지 않으면 평가할 수 없습니다. 이 점을 생각하면 쉽게 이해할 수 있을 것입니다.

여기서 말하는 상품은 바로 여러분 자신입니다. 급변하는 이 시대에, 자부심을 발휘할 수 있는 사람은 자신이라는 상품을 계속해서 갈고닦을 수 있는 이들뿐입니다.

상대가 받아들이는 가치는 '결과를 통해 느끼는 가치'와 '행동을 통해 느끼는 가치'가 있습니다.

결과를 통해 느끼는 가치는 비교적 쉽게 인식될 수 있습니다. 예를 들어 "이 책은 10만 부를 돌파했습니다"라고 말하면, 베스트셀러라고 인식될 수 있습니다.

반면, 행동을 통해 느끼는 가치는 인식되기까지 장벽이 있습니다. 보이지 않는 곳에서 어떤 행동을 하고 있는지는 자세히 설명하지 않으면 알 수 없기 때문이지요.

현재, 제 회사는 완전 원격 근무로 업무를 진행하고 있으며, 클라이언트와의 소통도 전부 채팅으로 하고 있습니다. 대면하지 않는 만큼 업무는 효율적으로 진행되지만, 동시에 '내가 어떤 행동으로 고객에게 도움이 되고 있는지'가 드러나지 않는다는 문제점이 있습니다. 예를 들어, 고객을 위해 오랜 시간을 들여 자료를 만들어도 실제로는 '아무 일도 하지 않았다'라고 오해 받는 경우가 종종 있습니다.

그래서 저는 평상시 업무를 할 때, 의식적으로 제 행동을 채팅에 기록으로 남기고 있습니다.

'오늘은 ○○ 건에 대해, □□를 시도해봤습니다.'
'○○ 건에 대해, □□를 하면 더 좋아질 것 같아, 지금 시도 중입니다.'

이처럼 '당신을 위해 에너지를 쓰고 있어요'라는 것은 말로 전해야 비로소 상대가 인식할 수 있습니다.

결과를 내서 상대방을 만족시키는 것이 가장 좋지만, 결과가 전부라고는 생각하지 않습니다.

상대를 위해 에너지를 쏟고 있다는 것만으로도 감사받을 수 있고,

서로가 행복해질 수 있다고 생각합니다. 그래서 저는 상대에게 결과뿐만 아니라, 행동도 적극적으로 전달해야 한다고 생각합니다.

사소한 일이라도, '행동을 전한다'라는 것을 의식하기만 해도 상대방의 반응은 크게 달라집니다.

예를 들어, 소중한 사람에게 선물을 할 때, 단지 물건만 건네면 "고마워"로 끝날 가능성이 큽니다. 하지만 그 선물을 고르기 위해 얼마나 많은 시간과 노력을 들여 깊이 고민했는지를 전하면, 자신의 마음이 전해질 것입니다.

비즈니스에서 가장 우선시해야 할 것은 상대방에게 가치를 제공하는 일입니다. 상대방에게 얼마나 도움이 될 수 있는지에 집중하는 것이지요. 제삼자의 평가 같은 것은 신경 쓰지 않아도 됩니다.

제가 비즈니스를 시작할 때, SNS에 비즈니스 프로필로 진지한 표정의 사진을 올렸던 적이 있었습니다. 대학교 동기들과 이전 직장 동료들이 엄청나게 웃었습니다.

'선거 포스터야?'와 같은 악의 없는 댓글들이 여러 개 달렸는데, 당시 얼마나 분했는지 모릅니다.

하지만 저는 '나를 필요로 하는 사람들에게 도움이 된다면 그것으로 충분하다'라는 기준만큼은 반드시 지키겠다고 결심했습니다. 그래서 그런 영혼 없는 댓글에 휘둘려 제 방식을 바꾸지 않았습니다.

주변 사람들의 시선을 신경 쓰며 쩔쩔매기보다는, 내가 영향을 미치고 싶은 사람들에게 얼마나 도움이 될 수 있을지를 생각하고 행동하는 삶이 훨씬 멋지다고 생각합니다.

관계없는 사람들이 나를 어떻게 생각하는지는 전혀 중요하지 않습니다. 내가 관계를 맺고 있는 사람들을 응원하고, 그들을 행복하게 만드는 것에 집중하면 반드시 성공할 수 있습니다.

내가 누구인지는 중요하지 않습니다. 상대방이 진정으로 원하는 것이 무엇인지 파악하고, 경쟁자가 약한 부분을 공략하면, 유일무이한 존재가 될 수 있습니다.

맺음말

어느 날, 한 통의 메시지를 받았습니다. 이전 저서『우리들은 소소한 창업으로 먹고삽니다』의 담당 편집자인 SB크리에이티브의 오구라 미도리(小倉碧) 씨로부터 온 연락이었습니다.

오구라 씨와 대화하던 중, 불확실한 시대에 독자들이 '강점'을 발견할 수 있는 책을 써보면 어떻겠냐는 요청을 받았습니다. 그 이야기를 들었을 때 기쁘면서, 가슴이 두근거렸습니다.

당시 저는 클라이언트의 강점을 찾아 비즈니스에 적용해 성과를 내도록 돕는 컨설팅으로 실적을 내고 있었습니다. 하지만 지금처럼 노하우가 체계적으로 정리된 상태는 아니었고, 직감과 경험에 의존해 클라이언트의 '강점'을 찾아내고 있었습니다.

그때부터 책을 쓰기 위해 노하우를 말로 정리하기 시작했습니다. 더 이해하기 쉽게, 더 잘 전달되도록 쓰고 지우고, 내용을 다시 다듬고 지웠습니다. 비즈니스에서 늘 하던 것을 언어로 표현하는 작업은 결코 쉽지 않았습니다.

그리고 마침내 완성한 것이 이 책입니다.

이 책의 밑바탕에는 '누군가를 응원함으로써 당신이 빛날 수 있다' 라는 메시지가 담겨 있습니다. 다른 사람을 지원하는 것은 자기희생 이 아니라, 여러분 자신이 빛나기 위한 수단입니다.

인생에서 벽에 부딪혔을 때, 저는 혼자 힘으로 극복하지 않고, 동료 들과 함께 성장하며 그 벽을 넘어왔습니다. 이는 제가 소중하게 생각 하는 가치관으로 전작부터 이번 책까지 변함없이 이어져왔습니다.

미래가 불투명한 시대에, 카리스마를 무기로 행동할 수 있는 '리더 십'을 지닌 사람은 매우 드뭅니다.
또한 죽음 외에는 모두 가벼운 상처일 뿐이라는 듯이, 인생의 목표 를 이루기 위해 여러 난관을 극복해나가는 사람들은 동경의 대상이 되고는 합니다. 하지만, 그것 역시 제 스타일이 아닙니다.

'다른 사람들을 잘 관찰하고, 그 사람을 맞춰줄 수 있다' 그렇게 상대방을 강력하게 서포트하는 방식이 제 성향에 더 잘 맞습니다.

이 책의 접근 방식은 누군가를 이기게 돕고, 자신에게도 긍정적인 결과를 가져오는 '팔로워십(followership)'의 개념을 기반으로 합니다.

팔로워십이란, 팀의 성과를 극대화하기 위해 '리더나 다른 팀원들이 자율적이고, 주체적으로 일을 할 수 있도록 그들을 지원하는 것'을 말합니다.

구체적으로는, 리더의 의사결정이나 행동에 잘못된 점이 있다고 느낄 때 주저하지 않고 건의하거나, 팀이 더 나은 방향으로 나아가도록 팀원들을 돕거나, 자신의 위치에서 할 수 있는 일을 주체적으로 실행하는 것을 의미합니다.

팀이라는 단어는 같은 직장 동료만을 의미하지 않습니다.

크게는 이직한 회사나 거래처의 고객도 같은 팀으로 바라봐주셨으면 합니다. 윈윈(win-win) 관계를 목표로 한다면, 이는 본인의 성과로도 이어질 것입니다.

상대방을 대립 관계가 아닌 같은 팀으로 볼 수 있다면, 시야가 넓어지고 일은 더 재미있어집니다. 바로 자기중심적 관점에서 상대 중심적 관점으로의 전환이 이뤄진 것입니다. 상대방의 입장에서 생각하고 행동하는 사람들이 많아지면, 모두가 일을 더 쉽게 할 수 있을 것입니다.

드디어 정말로 마지막 메시지가 될 것 같네요.

많은 고생과 노력 끝에 이 책을 완성하고 느낀 점은, 이 책을 쓸 수 있어서 정말 기뻤다는 것입니다.

특히, 기존에 논의되어온 '강점'에 대해 느꼈던 위화감을 명확하게 정리할 수 있었던 점, 사람들에게 가치를 제공하기 위한 '진정한 강점'을 세상에 제시할 수 있었던 점, 카리스마형 인간이 아닌 서포터형 인간도 앞으로의 시대에 활약할 수 있는 전략을 전할 수 있었던 점 등이 매우 의미 있었습니다.

재미있는 책이 완성된 것 같네요. 책을 쓴 저 역시 설레고 있습니다.

이 책을 통해 '나는 자랑할 만한 강점이 없다'라는 생각에서 벗어나서 '눈앞의 사람에게 조금이라도 가치를 제공하자'라는 생각이 널리 퍼지길 바랍니다.

과거의 저처럼 '내게는 약점밖에 보이지 않는다'라며 머리를 싸매고 고민하는 시간이 너무 아깝습니다.

머릿속으로 복잡하게 생각만 해봤자 아무것도 시작할 수 없습니다. 당장 펜을 들고, 이 책에 나와 있는 활동을 반복적으로 도전해보시기 바랍니다. 상대방에 대해 객관적으로 생각하는 시간이, 여러분에게 '상대방의 입장'에서 생각한다는 훌륭한 습관을 만들어줄 것입니다.

'진정한 강점'을 만드는 과정을 통해 성장하시길 바랍니다. 그것을 위해 이 책을 반복적으로 활용해주셨으면 좋겠습니다.

우리는 언제 어디서든 '진정한 강점'을 만들어낼 수 있습니다.

이 능력을 갖추면 앞으로의 사회에서 두려울 것이 없습니다.

어떤 상황에서도 현상을 극복할 수 있는 전략을 세울 수 있게 될 것입니다. 마음껏 능력을 발휘하십시오. 목표를 설정하고 즐기면서 성장해나가시길 바랍니다. 그것이 제가 바라는 바입니다.

다나카 유이치(田中祐一)

성과를 내는 강점 전략

제1판 1쇄 2025년 1월 15일

지은이 다나카 유이치(田中祐一)
옮긴이 이성희
감 수 서승범
펴낸이 한성주
펴낸곳 ㈜두드림미디어
책임편집 손아름, 배성분
디자인 김진나(nah1052@naver.com)

㈜두드림미디어
등 록 2015년 3월 25일(제2022-000009호)
주 소 서울시 강서구 공항대로 219, 620호, 621호
전 화 02)333-3577
팩 스 02)6455-3477
이메일 dodreamedia@naver.com(원고 투고 및 출판 관련 문의)
카 페 https://cafe.naver.com/dodreamedia

ISBN 979-11-94223-41-2 (03190)